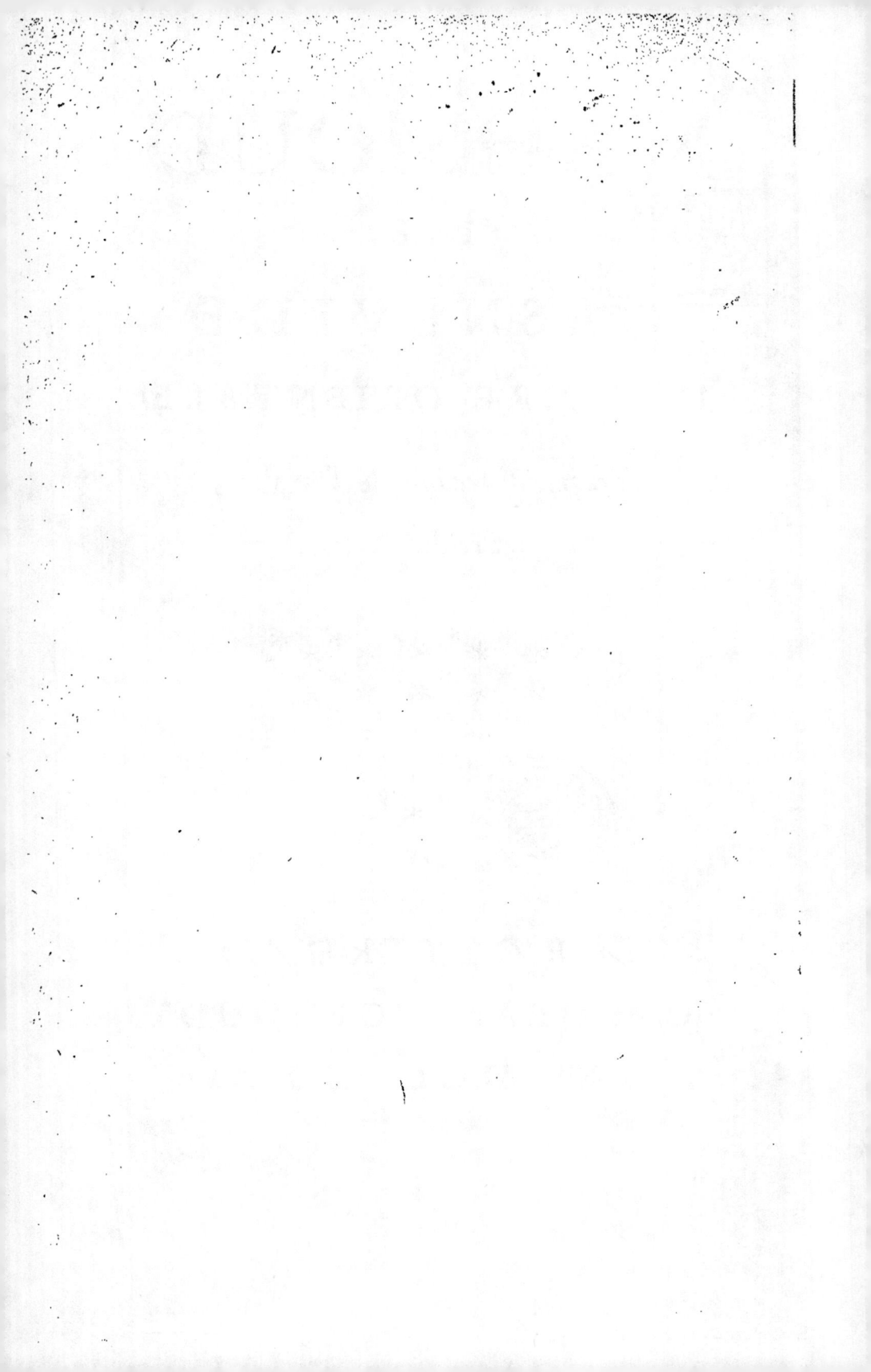

MAHMOUD
LE
GASNEVIDE
HISTOIRE ORIENTALE

Fragment traduit de l'Arabe,

avec des Notes.

A ROTTERDAM,
Chez JEAN HOFHOUDT.
M. DCC. XXX.

À Confiderer toutes les qualitez de ce Grand Homme, on a peine à croire qu'il foit venu au monde comme les autres hommes. Nighiariſtan.

La Juſtice de ce Prince a fait que le Loup & l'Agneau venoient s'abreuver enſemble dans ſes Etats ; Et les Enfans n'avoient pas plûtôt ſuccé le lait de leurs Meres, qu'ils prononçoient le nom de MAHMOUD.

Ferdouſſi.

PREFACE.

LEs Révolutions arrivées dans l'O-
rient pendant les premiers Siécles
de l'*Eglise*, sont si peu connuës, qu'il est
necessaire, pour l'intelligence de plusieurs Chapitres de ce Livre, d'en donner quelque idée, & d'exposer l'Etat de
l'*Asie*, lorsque *Mahmoud* parut sur le
Trône des *Gasnevides*.

L'Empire des *Califes*, non moins é-
tendu que celui des Romains, commença avec la Religion de *Mahomet* ; & son
progrès fut si rapide, qu'en moins de
vingt ans, les *Califes* possédoient les *Arabies*, la *Chaldée*, la *Mésopotamie*, la *Syrie*,
l'*Egypte*, la *Perse* & le *Corassan*, jusqu'au
Fleuve *Gihon*, ou *Oxus*. Ils firent encore
peu de tems après des Conquêtes dans
les *Indes* & dans la *Transoxane*. Ils se rendirent les Maîtres de toute l'*Afrique*, de
l'*Espagne* ; & peut-être auroient-ils sub-

jugué

jugé le reſte de l'*Europe*, ſi *Charles-Martel* ne les eût chaſſez de la *France*, par la fameuſe Victoire qu'il gagna ſur eux dans la Gaule Narbonnoiſe.

Après la mort de *Mahomet*, les Chefs des *Arabes* choiſirent *Abubecre* pour lui ſuccéder. *Abubecre* leur dit : „ *Mahomet* „ eſt le ſeul *Prophete*, je ne puis être que „ ſon Vicaire, je ſerai le *Calife* ; C'eſt „ moi qui dans la Moſquée commence- „ rai la Priere ; je ferai régner la juſtice „ parmi vous, & je ſerai vôtre Chef con- „ tre les Infidelles.

Voilà quelles devoient être les fonctions des *Califes*, ou des Vicaires de *Mahomet.*

Ce n'eſt pas ici le lieu de dire, comment le *Califath* fut uſurpé par les *Ommiades*, Famille étrangere à celle de *Mahomet*, & comment cent ans après, ils furent exterminez par les *Abbaſſides*, iſſus d'*Abbás* Oncle de *Mahomet.*

Le *Calife Haroun Atrachil*, ou le *Juſticier*,

cier, le cinquiéme des *Abbassides*, connu de nous sous le nom d'*Haron*, Roi des *Sarrasins*, qui envoya des Ambassades à *Charlemagne*, partagea l'an 180. de l'*Egire*, son Empire à ses trois Fils. Il donna à *Amin*, son Aîné, avec le *Califath*, la *Caldée*, les trois *Arabies*, la *Mésopotomie*, la *Syrie*, l'*Egypte* & toute l'*Afrique*, jusqu'à *Maroc*. *Mamon* eût la *Perse*, le *Corassan*, les Provinces *Transoxanes*, & une grande partie de l'*Inde*. Le Lot de *Motassem*, son troisiéme Fils, fut moins considérable. Il n'eût que l'*Armenie*, la *Natolie*, la *Georgie*, la *Circassie*, & ce que les *Califes* possédoient aux environs du *Pont-Euxin* & du *Volga*.

Par la mort des deux Aînez, cet immense Pouvoir fut encore réüni sur la tête de *Motassem*; mais depuis il alla toûjours en décadence.

Le *Calife Mamon*, son Frere, en reconnoissance des services qu'il avoit reçûs du Général *Taher*, lui donna le Gouververnement du *Coraſſan* avec une Autorité peu différente de la Souveraine ; auſſi *Taher* ſe rendit-il aſſez indépendant , pour oſer faire ſupprimer le nom du *Calife* dans les Prieres publiques. Ce fut le premier démembrement du *Califath* , & cet exemple fut bien-tôt ſuivi par d'autres Gouverneurs ambitieux. La *Dynaſtie* des *Thaeriens* fut détruite peu de tems après par les *Soſſarides* , & ceux-ci par les *Samanides* , qui poſſédoient auſſi les Provinces *Tranſoxanes* , où étoit *Bocara* , Capitale de leur Empire.

Le *Calife Motaſſem* fit une Milice d'Eſclaves achetez dans le *Turqueſtan* ; Païs , qui depuis cette Epoque , a ſeul donné des Conquérans à l'*Aſie*. Les Commandans de cette Milice la firent dans la ſuite révolter, preſque à leur fantaiſie , contre les *Califes* , qui ne furent délivrez de cette ſervitude que par une autre encore plus grande.

Mardavige , Roi du *Tabareſtan* , démem-

membrement du *Califath*, fit long-tems
la Guerre aux *Califes*. Il avoit dans ſes
Armées trois Freres, appellez les *Buides*,
diſtinguez par leur valeur, & par leur
conduite. Après la mort de *Marda-vige*
tué par ſes Eſclaves, *Ali*, l'Aîné des trois
Buides, s'empara de l'Autorité Souveraine, & fit quelque-tems après, la Conquête de la *Perſe*, & de quelques Provinces voiſines, qu'il partagea entre ſes
deux Freres.

L'un, connu ſous le nom de *Roknedu-*
lat, eut la partie de la *Perſe*, appellée l'*Ira-*
que Perſique, dont *Iſpahan* étoit la Capitale. *Moesdulat*, le plus jeune, eut la partie voiſine de la *Caldée*, & ſe rendit aiſément le Maître du *Califath*, dont *Ali*
avoit ſouvent vaincu les Milices; Enſorte
que *Bagdat*, ſéjour des *Califes*, étoit plûtôt ſa Capitale que *Schiras*.

Cependant pour le reſpect, le *Califath*
étoit tel, que *Moeſdulat* & ſes Succeſſeurs,
avec le Titre de Rois de *Perſe*, prirent encore

core celui de Lieutenans du *Calife*; mais
les *Califes*, dont l'Autorité étoit anéantie
fous celle de ces Lieutenans, s'empref-
foient de leur donner les Titres flâteurs
de *Protecteurs de la Religion*; *Colomne de
l'Etat* &c. Et ce n'eft que fous de pareils
Titres, qui fe terminent tous en *dulat*,
comme *Roknedulat* & *Moesdulat*, que
font connuës les deux branches des *Buides* qui ont régné dans les deux *Perfes*. Les
Notes donneront les autres éclairciffe-
mens neceffaires.

Il eft inutile d'inftruire le Lecteur de
quelle maniere le Manufcrit Arabe a été
trouvé à *Meudon*, & de l'efperance que
le Traducteur a d'en recevoir bien-tôt la
fuite.

MAH-

MAHMOUD
LE
GASNEVIDE.

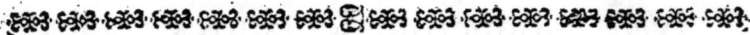

CHAPITRE I.

Le *Califath*.

QUELLE Puissance a été comparable à celle des *Califes* ! A peine connoissoient-ils des bornes à leurs Etats. Mille Eunuques gardoient les Portes de leurs superbes Palais, mille Femmes étoient destinées à leurs plaisirs. Vaine Grandeur ! qui se trouva accablée sous son propre poids, parce que la Sagesse ne la conduisoit point. Ils se livrérent à la molesse, ils appellérent une

A   Milice

Milice Etrangére , & ils ſe repoſérent du
ſoin de l'Etat ſur un premier *Emir*. (1) Les
Gouverneurs des Nations ſoumiſes en devin-
rent les Souverains ; & ceux qui peu de tems
auparavant oſoient à peine fraper de leur
front le ſeüil de la Porte du *Calif*, ou baiſer
ſa *Manche*, (2) lui impoſérent des Loix juſ-
ques dans *Bagdet* ſur ſon Trône, & ne lui
laiſſérent que les ſtériles honneurs de com-
mencer la Priere, & de donner à ces Uſurpa-
teurs des Titres de Souveraineté. Le *Buide*
Baheldulat porta ſon Autorité juſqu'à dépoſ-
ſeder *Thaï*, & mettre *Cadher* à ſa place.

Le *Calife Cadher*, (3) gémiſſoit de ſa ſervitude. *Baheldulat*, diſoit-il, à ſon Viſir,
donne des loix aux Succeſſeurs du Prophête,
& la Milice ne reconnoit que ſon Autorité ;
Malheureux Abaſſides, (4) *dont l'impruden-*
ce

(1) *Emir* veut dire Commandant ; premier *Emir*
ou *Emir Alomar*, veut dire, Commandant des Commandans ; ce qui répond à nos *Maires* du Palais.

(2) Il y avoit à une des fenêtres du Palais des
Califes, une piéce de Velours noir, de la longueur de
vingt coudées, qui pendoit ſur une cour. On l'appelloit la *Manche du Calife* ; les Grands alloient tous les
jours la baiſer, & fraper du front le ſeüil de la Porte.

(3) *Cadher* fut le vingt cinquiéme *Calife* l'an 380.

(4) Les *Abbaſſides*, ainſi appellez d'*Abbas*, Oncle
de *Mahomet*, parvinrent au *Califath* après la deſ-
truction

ce s'est imposée ce joug honteux, comment puis-je
le secoüer?

L'*Ambition* de Mahmoud, répondit le Visir, *& la mort de son ennemi le Roi de Perse
peuvent causer de grands changemens; déja Baheldulat allarmé rassemble ses Milices à Schiras,
& vôtre autorité n'est pas éteinte dans Bagdet.
Prévenez* Mahmoud, *en lui donnant avec l'Investiture des Etats qu'il possède, quelqu'un de ces
Titres superbes dont vos Prédécesseurs ont été si
prodigues.* Quoi ! interrompit Cadher, *des
Titres au Fils de l'Esclave* Sebekteghin ? *Non,
les* Califes *doivent être moins humiliez du Pouvoir des Enfans de* Buiah, *que d'avoir décoré
Mahmoud. Songez moins à ce que vous avez
été,* répliqua le Visir, *qu'à ce que vous êtes.
Que vous reste-t-il de ce vaste Empire des
Califes vos Prédécesseurs ? Les* Buides *possé-
dent les deux Perses; les* Hamadanites *régnent
dans la* Mésopotamie; *l'Egypte & l'Afrique obéissent aux* Fathimites; *un* Ommiade (1)

A 2 *seul,*

truction des *Ommiades,* qui l'ont possédé pendant
cent ans. Il y a eu quatorze *Califes Ommiades,* dont
Marvien le dernier, fut vaincu & détroné par *Aboulabas Sasfa,* le premier des *Abbassides* l'an 132.

(1) *Adarahan* fut le seul *Ommiade,* qui se sauva du
massacre général que les *Abbassides* en firent. Il établit depuis en *Espagne* une *Dynastie* de *Califes Ommiades.*

feul , échapé à la vengeance des Abbaffides ,
eft reconnu pour Calife dans les Efpagnes ; les
Carmathes viennent de s'emparer de l'Arabie ;
Mahmoud eft le Maître du Coraffan & de
toutes les Provinces jufques aux Indes. Si quelques - uns de ces Princes , vous reconnoiffent
pour leur Souverain , ces honneurs extérieurs ne
font fuivis d'aucune dépendance. Qu'importe après
tout , de qui Mahmoud eft Fils ? L'Afie a les
yeux fur ce Heros , elle applaudit au Titre fuper-
be de Sultan , (1) que des Princes vaincus viennent de lui donner. Ses Armes ont déja foumis
des Rois Indiens ; & le redoutable Kan des
Provinces Tranfoxanes a fubi les loix que ce
Vainqueur lui a impofées.

Les Buides n'ont pû voir fa gloire fans jaloufie , ni fa valeur fans crainte. Penfez-vous que
lui-même ne regarde pas leur Puiffance comme un
obftacle à fon ambition ? les Evénemens vous apprendront à profiter de leurs paffions & de leurs
difcordes , & peut-être la gloire de rendre au
Califath la liberté , eft-elle réfervée à vôtre fageffe. Mais , reprit le Calife , fi Mahmoud
devient Vainqueur des Buides , je ne ferai que
changer de chaines , & il ufurpera , comme eux ,
toute

(1) Mahmoud a été le premier appellé Sultan.
Ce nom lui fut donné par Kalab , Prince du Segeftan , vaincu & fait prifonnier par Mahmoud. Sultan , Soldan & Soudan , fignifient Seigneur.

toute l'autorité du Califath. *Au milieu de leurs guerres*, dit le Vifir, *ne pouvez vous pas vous rendre leur Médiateur, & n'ont-ils pas tous le même interêt de s'affoiblir mutuellement, & de ne point laiffer-leur Ennemi difpofer de vos Milices? Je céde à vos raifons*, répondit Cadher; *mais le fier Mahmoud voudra-t-il recevoir de moi une Inveftiture qui marque quelque dépendance? La politique de Mahmoud*, repliqua le Vifir, *lui fera reconnoître le Succeffeur du Prophête, & accepter des Titres qui feront refpecter fa nouvelle Domination, & qui peuvent faciliter fes deffeins ambitieux. C'eft mon* Katib, (1) dit le Calife, *que je dois choifir pour cette Ambaffade. Il a toûjours donné des marques de zéle pour la Religion, & d'attachement pour moi. Vifir, allez le préparer à cet important Emploi.*

CHA-

____

(1) Les *Califes* faifoient le *Kothubah*, ou la Prédication, le *Calife Radhi* s'en difpenfa le premier, celui qu'il en chargea s'appelloit *Katib* ou Prédicateur, & c'étoit la premiere Dignité de Religion après le *Calife.*

CHAPITRE II.

Sebekteghin.

L'Esclave *Alptheghin*, après avoir été éle-vé aux plus grandes Dignitez par *Ab-dalmalec* Roi *Samanide* ; (1) fut obligé d'é-viter par la retraite, les persécutions des Ministres du jeune *Mansour* Successeur d'*Ab-dalmalec*, qui le poursuivirent avec une puis-sante Armée.

Il étoit accompagné d'une troupe d'Amis fidelles, plus attachez à sa vertu, qu'effrayez de sa disgrâce. Leur valeur, sous un si grand Chef, sçût se frayer une route assurée jus-ques dans le *Zablestan*, où les Habitans de *Gasna*, Capitale de la Province, le choisi-rent pour leur Souverain.

Il

(1) *Ismael Samani*, Fondateur de la *Dynastie* des *Samanides*, mérita & porta le premier le nom de *Padicha* ou Empereur, que le *Calife Motaded* lui donna l'an 307. en reconnoissance des Victoires ga-gnées contre les *Soffarides* ennemis du *Califath*. La ville de *Bokara* dans la *Transoxane*, étoit Capitale de leur Empire.

Il reconnut dans son Esclave *Sebekteghin* cette grandeur d'ame qui l'avoit élevé lui-même de l'Esclavage à la Souveraineté. Il l'associa à ses travaux, & prêt à mourir : *Sebekteghin*, lui dit-il, *j'ai recompensé vos services en vous donnant ma Fille, & l'Ange de la Mort, qui est à la porte, m'annonce que je vais vous laisser ma Souveraineté & mes Richesses. Achevez de faire rougir la Fortune des fers que nous avons portez; mais ce n'est pas assez pour vous d'être vertueux, vous devez à vos Sujets la vertu de* Mahmoud *vôtre Fils & vôtre Successeur. Il est né dans l'indépendance, éducation toûjours périlleuse. Que ceux à qui vous confierez sa premiere jeunesse, ne cessent de lui dire, qu'il est comptable à son Peuple de tout le bonheur qu'il pourra lui procurer; qu'ils n'épargnent point les véritez les plus humiliantes, si elles peuvent augmenter sa vertu. Fasse le Ciel, que ce Peuple ne vous regrette pas, lorsque* Mahmoud *gouvernera, comme j'espere qu'ils ne me regretteront point, lorsque vous serez leur Roi.*

Sebekteghin, recueillit avec ces paroles, le dernier soupir de son Bienfaicteur, & suivit les grands exemples qu'il en avoit reçûs. Il ne vainquit que pour punir les Infracteurs de la Paix, ou pour secourir ses Alliez. *Nou*, Roi *Samanide*, reçût de lui des secours qui raffermirent plus d'une fois son Trône chancellant.

cellant. Enfin, ce Grand Homme, chargé de gloire & accablé de travaux, mourut à *Balck*. Sa mort causa une désolation generale, les hommes laissérent croître leur barbe, & les femmes coupérent leurs cheveux sur son Tombeau.

La vertu de *Mahmoud* les consola. Il sçût contenir dans le devoir ceux que son Pere avoit subjuguez. Il vainquît les Rois *Indiens*, que sa jeunesse avoit armez contre lui. (1) Il devint le Maître du païs de *Korassan* par l'extinction des *Samanides*, (2) & il imposa la paix au *Kan* des *Tartares*, qui pour mieux désarmer ce Vainqueur, lui donna en Mariage sa Fille *Haramnour*, dont la beauté avoit mérité le nom de *Soleil de beautez*.

Mahmoud méditoit de nouveaux Triomphes à *Gasna* qu'il avoit choisie pour la Capitale de ses Etats, lorsqu'il apprit que le Calife *Cadher* lui envoyoit un Ambassadeur. Quoique les *Califes* eussent perdu presque toute leur autorité temporelle, ils s'étoient conservé pour eux dans le cœur de toutes les Nations *Mahométanes* un respect de Religion, que la politique pouvoit tourner aux
                                    plus

(1) V. le Chapitre XI. *Gebal.*
(2) V. le Chapitre XXVIII. l'*Ambassade.*

plus grandes révolutions. *Mahmoud* ne douta point que le motif de cette Ambassade ne fût l'abbaissement de la Puissance des *Buides*, & ce motif pouvoit être d'accord avec ses desseins.

L'Ambassadeur fut reçû avec tous les honneurs dûs au Ministre du *Calife*. Après qu'il eût félicité *Mahmoud* sur ses Conquêtes, il lui présenta la Veste, (1) marque autentique que la *Calife* le reconnoissoit pour légitime Souverain des Etats qu'il possédoit, & cette Investiture fut accompagnée des Noms pompeux de *Protecteur des Fidelles* & de *Bras droit de la Religion*. (2)

Assurez le *Calife*, dit Mahmoud, *que je mériterai les Titres dont il m'honnore. J'ai fait connoître le Prophête dans tous les lieux où j'ai porté mes Armes, & les hostilitez des Buides m'ont rappellé des bords du Gange sur leurs Frontiéres. Seigneur*, répondit le Katib, *le Calife a trop peu d'autorité pour oser entrer dans de si grands interêts; mais le Ciel protégera la justice de vos Armes, & vous aurez les vœux de tous*
les

---

(1) Les *Califes* envoyoient pour marque d'Investiture un Etendart, ou une Veste, ou une Epée, & cet usage continuë chez les Turcs.

(2) *Amir Amillar* Protecteur des Fidelles. *Jewin Addulat* Bras droit de la Religion.

B

les Musulmans. *Je serois déja à la tête de mes Troupes*, dit Mahmoud, *si je n'attendois la Fille du Kan des Tartares. Je n'ai plus à craindre de diversion de la part de ce Monarque, nôtre Paix est accompagnée de la plus étroite Alliance; j'épouse sa Fille* Haramnour, & *cette Cérémonie en deviendra plus auguste par vôtre presence.* Ce n'est pas assez pour moi, Seigneur, répondit le Katib, *d'en être le Témoin, je vous demande d'en être le Ministre.* Vos Imans (1) *verront avec plaisir le premier des Katibs dans leurs Mosquées.* Sage Katib, dit Mahmoud, *j'accepte vos offres & je ferai sçavoir au* Calife, *combien je suis satisfait de son Ambassadeur.*

Le

(1) *Paul Lucas* dit que les *Imans* particuliers sont comme les Curez chez les Catholiques, mais leur autorité est encore plus grande, & tient plus de l'Episcopale. L'*Iman* de la Religion *Mahométane*, est le Successeur de *Mahomet*, & les *Califes* prenoient le Titre d'*Iman*. L'*Imaniat* est de droit divin; & selon la décision autentique du Docteur *Sobal-Ben-Abdalah*, c'est une ignorance & une impiété de le contredire.

Les douze *Imans* légitimes des *Persans* ont commencé par *Ali* qui a été *Calife*; le dernier ou douziéme est encore vivant, & on tient des chevaux sellez pour le recevoir. Il est appellé *Mahadi*, ou Conducteur des Fidelles, & il rendra témoignage de *Mahomet. Ebn-Al-Sabbagh* a écrit la Vie des douze *Imans*.

Le Peuple de *Gasna* célébra pendant qua-
rante jours l'arrivée d'*Haramnour* par les
marques d'allégresse les plus éclatantes. Le
Sultan fut au devant d'Elle, & la conduisit
dans la grande Mosquée où le *Katib*, après
les Cérémonies ordinaires, leur fit ce Discours.

B 2   CHA-

CHAPITRE III.

Le Mariage.

„ S*Ultan* , ces hommes que nous appel-
„ lons *Sauvages* , jouïffent du Droit na-
„ turel qui les rend en naiffant , les Maris
„ de toutes les Femmes.

„ Différens Légiflateurs en ont privé les
„ Peuples policez ; mais l'efprit d'erreur &
„ le caprice ont dicté leurs Loix également
„ contraires au Droit naturel & aux princi-
„ pes de la Société. Ils n'ont fçû éviter ni les
„ difcordes de la jaloufie , ni les diffentions
„ domeftiques , ni les dégouts plus dange-
„ reux encore. Ils ont défendu la liberté des
„ defirs , en laiffant imprudemment la liberté
„ de tout ce qui peut les irriter. L'Inexécu-
„ tion continuelle de la Loi découvre l'igno-
„ rance du Légiflateur.

„ Le Ciel réfervoit au *Prophête* cet accord
„ fi difficile , de la Nature & de la Raifon.
„ Laiffons aux Nations Infidelles qui igno-
„ rent le faint *Alcoran* , laiffons leur le trifte
„ fou-

,, soulagement de jouïr d'un seul Objet, &
,, d'en avoir la proprieté incommutable ;
,, laiſſons leur transformer en Vertus des
,, Vœux indiſcrets, toûjours ſuivis de repen-
,, tir ; mais pour Nous, qui ſommes éclai-
,, rez des lumiéres de la vérité, & animez
,, de deſirs légitimes, le nombre de nos Fem-
,, mes, (1) ou celui de nos Eſclaves, ne ſe-
,, ra limité que par la ſage prévoyance de
,, chacun. Nous aurons l'autorité de les dé-
,, rober aux regards indiſcrets, & il nous
,, ſera permis de renvoyer celles qui ſe ren-
,, dront indignes de nôtre affection, afin que
,, ce qui eſt deſtiné au plaiſir, ne devienne
,, jamais l'amertume de la vie.

,, C'eſt la Sainte Loi annoncée par les pa-
,, roles & par les exemples du *Prophête*. Il a
,, renvoyé ſix de ſes Femmes, il a eu les plus
,, belles Eſclaves, & par la variété de ſes dé-
,, laſſemens, il a ſçû ſe garantir d'un atta-
,, chement ſervile ; Et au milieu des grands
,, Travaux, où il étoit éternellement deſtiné,
,, il a commencé à gouter les délices du Jar-
,, din préparé à ſes fidelles Imitateurs.

,, Ce

_____

(1) Quelques Docteurs *Muſulmans* croyent que
le nombre des Femmes, doit être borné à quatre, &
que l'exemple de *Mahomet* eſt ſans conſéquence,
parce qu'il étoit au-deſſus de la Loi.

,, Cependant , *Sultan* , vous devez des
,, égards à vos Femmes , chacune d'elles a
,, droit à vos faveurs ; *Aiſſë* n'obtint deux
,, nuits de ſuite du *Prophête* , que parce que
,, que *Sueva* voulut bien lui céder la ſienne.
,, (1) Tout eſt rempli de devoirs , & vous ,
,, n'en êtes pas exempt envers vos Eſclaves
,, les plus viles.

Le *Katib* adreſſant la parole à la *Sultane*
Haramnour , lui dit :

,, *Soleil des Beautez* , vous avez une Ame.
,, (2) Quel témoignage a pû faire douter de
,, cette vérité ? Quoi ! ce Séxe toûjours l'ob-
,, jet des deſirs du *Prophête* , & des Fidelles ,
,, s'anéantiroit ſans récompenſe d'avoir con-
,, tribué à leur félicité ? Non , cet horrible
,, ſentiment , ne peut avoir été inſpiré que
,, par *Eblis* (3).

,, *Sultane* , vous avez une Ame , deſtinée
,, au même bonheur que celle de vôtre
,, Epoux. Il ſe délaſſe dans vos bras des tra-
,, vaux inſéparables de l'Autorité Souverai-
,, ne. Vôtre tendreſſe pour lui , vôtre ami-
,, tié pour celles, qui comme vous , s'occu-
peront

(1) V. la Vie de *Mahomet* par M. *Prideaux*.
(2) Il y a des *Mahométans* qui croyent que les
Femmes n'ont point d'Ame , & que tout meurt en
elles.
(3) Le *Démon*.

„ peront de ſes plaiſirs ; voilà les devoirs qui
„ vous conduiront dans ces Jardins , où des
„ Hommes divins ſeront vôtre récompenſe
„ éternelle.

Alors le *Katib* , après les avoir liez l'un
à l'autre avec des cordons de ſoye , dont
Mahmoud tenoit le bout , s'écria , le viſage
tourné du côté de la Meque :

„ Que le vent excité par la fraîcheur du
„ matin , faſſe couler dans vôtre Ame la
„ pluye des graces du Ciel & des vertus de la
„ Terre.

„ Que le grand *Prophete* communique à
„ *Mahmoud* de cette force divine qui ne l'a-
„ bandonna jamais ; que la fécondité de ſon
„ Epouſe ſoit égale à celle de nôtre Mere
„ commune , & qu'il en naiſſe de vrais *Cro-*
„ *yans* , qui étendent la Loi au bout de l'Uni-
„ vers.

Mahmoud conduiſit la *Sultane* dans ſon
Palais , au milieu des Acclamations des Peuples qui ſemoient des fleurs ſur leur Paſſage.

CHA-

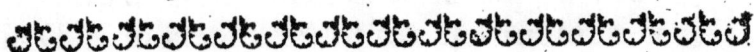

CHAPITRE IV.

Seïdar.

PEu de jours après, *Mahmoud* partit pour
l'Armée qui étoit campée près de *Tabas*
fur les Frontieres du *Coraſſan* & de la *Perſe*.
Là par le retour de *Giafar* ſon Envoyé en
Perſe, il reçût cette Lettre de la Veuve de
Fakredulat.

La Reine SEIDAR
Au SULTAN MAHMOUD.

„ (1) Pendant la vie de mon Epoux j'ai
„ toûjours craint que vôtre courage ne vous
„ portât à attaquer ce Prince, qui en avoit
„ beaucoup. Mais depuis que je me trou-
„ ve chargée de la Tutelle d'un Enfant &
„ de la Régence de ſon Etat, ma crainte a
„ ceſſé, parce que je ſçai que vous êtes
„ trop généreux pour vouloir meſurer vos
„ Armes contre les miennes, & trop éclairé,
„ pour

(1) Cette Lettre eſt à peu près de même dans le
Nighiariſtan.

,, pour ne pas craindre une Guerre dont l'é-
,, venement est toûjours incertain. D'ail-
,, leurs, quand vous remporteriez sur moi
,, tout l'avantage que vous vous promettez,
,, vous tireriez peu de gloire d'avoir vaincu
,, une Veuve & un Enfant ; mais si au con-
,, traire mes Troupes battoient les vôtres,
,, ce qui dépend souvent de la fortune, vous
,, obscurciriez par cette perte toute la gloi-
,, re que vous avez acquise jusqu'à present.

Cette Lettre fit une grande impression
sur *Mahmoud*, cependant il ne voulut point
se déterminer sans avoir appris l'état de la
Perse, & sans avoir consulté ses Ministres.

Depuis le démembrement du *Califath*, ce
vaste Empire, la proye de tant d'Usurpa-
teurs, étoit devenu un théatre continuel
de guerres & de révolutions. Ces Conquérans ne faisoient point de Traitez entr'eux,
ou ne s'y assujettissoient point. Les Etablis-
semens utiles, fruits d'une longue tranquilité, étoient détruits aussi-tôt que formez,
& tous ces différens Peuples ne se connois-
soient plus que par des excursions mutuel-
les.

Mahmoud voulut être instruit de la Puissance de ses Voisins, de leur gouvernement
& de leurs desseins. Il en fit un des principes de sa politique. *Apprenez-moi*, dit-il,

C

à *Giafar*, *en quoi confiste le pouvoir des Bui-*
des, (1) *& particulièrement celui de* Fakredulat.

Seigneur, dit *Giafar*, *tu fçais de quelle ma-*
niere Ali, Fils du Pêcheur *Buiah*, parvint aux
premiers Emplois dans l'Armée du Roi *Mar-*
davige, *& comment après la mort de ce Roi*, *il*
fit la Conquête des deux Perfes *& de plufieurs au-*
tres Provinces qu'il partagea généreusement avec
fes deux Freres.

Baheldulat (2) *qui regne à* Schiras, *& qui*
*en qualité d'*Emir alomar, *difpofe des Armées*
du Calife, *ou plûtôt du* Califath, eft Fils de
l'Aîné.

Fakredulat, *Fils du Cadet*, *demeura paifi-*
*ble poffeffeur de l'*Iraque Perfique *& des Pro-*
vinces voifines, *après quelques guerres de Fa-*
mille pour le partage, *& après la mort de fon*
Frere Muïah *qui l'avoit dépoffédé de fes E-*
tats.

Il dût fon rétabliffement au Vifir Ebn-E-
bad, *dont l'habileté & les vertus avoient mé-*
rité toute la confiance de Muïah, *& le titre*
de

<hr/>

(1) V. La Préface.

(2) Les mots *Baheldulat*, *Fakredulat* &c. font
des Titres que les *Califes* donnoient pour engager
ces nouveaux Souverains à les défendre & à défendre
la Religion. Ils fignifient *Protecteur de la Religion de*
l'Etat &c.

de Ministre sans pareil. *Ce Ministre con-*
tinua de Gouverner sous le Régne de Fa-
kredulat , qui le sçachant malade voulut
aller recevoir de lui les dernieres instruc-
tions.

Seigneur , lui dit ce sage Visir , *j'ai toû-*
jours fait régner la justice parmi tes Sujets *&*
l'orare dans tes Finances. *Cette gloire est tou-*
te à toi , si tu conserve les établissemens for-
mez ; mais si dans la suite tu souffre l'inju-
stice , ou le désordre , cette gloire me revien-
dra , & tes Peuples diront que c'est moi qui ai
fait leur félicité , & que tu fais leur infortu-
ne (4).

Fakredulat , *frapé de ces paroles , suivit*
pendant quelque-tems de si sages conseils ; mais
enfin , il ne put résister aux importunitez de sa
Femme Seïdar , *& du Ministre qu'elle lui*
avoit donné , & les Peuples se trouverent bien-
tôt replongez dans des malheurs peu diffé-
rens de ceux d'où Ebn-Ebad *les avoit reti-*
rez.

La Reine entretient toûjours cent mille
Hommes de Milice , & peut aisément en aug-
menter le nombre ; mais bien-tôt les Fonds
destinez à leur entretien , seront épuisez ;
D'ail-

---

(1) Ce Discours est dans la *Biblioteque Orientale* au
Titre de *Fakredulat.*

C 2

D'ailleurs les honneurs Militaires *font devenus*
le prix de l'argent & de la faveur , & l'émula-
tion n'eft plus connuë. Eclairez par Ebn-Ebad ,
dit Mahmoud , comment peuvent-ils fe livrer
à une conduite fi pernicieufe ?

CHA-

CHAPITRE V.

Les Deux Visirs (1).

Lorsque, reprit Giafar, Ebn-Ebad (2) *fut choisi pour être Visir de* Muïah *, il trouva le Royaume dans tous les desordres que peut causer une longue Guerre accompagnée d'une mauvaise Administration. Il ne chercha pas à faire connoître le point d'où ils partoient, la vraye gloire lui étoit plus chere qu'un vain étalage qui ne pouvoit servir qu'à augmenter encore le mauvais état du Gouvernement.* Une

(1) Le mot de *Visir* signifie *Portefaix*, parce qu'il doit porter le fardeau des affaires de l'Etat. *Abou Mossemah* a été le premier qui a eu ce titre sous le *Califath* d'*Aboulabas Safa.*

(2) *Ebn-Ebad* surnommé *Sahed* ou l'*Ami*, a été Visir sous *Muïah* & sous *Fakredulat.* Il a mérité titre de Ministre *Sans-pareil*, parce que sa vertu toit égale à sa grande habileté. Il aimoit beaucoup Musique, & portoit toûjours sur lui les *Agani*, le Recueil des Chansons Arabiques d'*Albufara* ; c'étoient les *Vaudevilles* de l'Orient. Il laissa ne Biblioteque de cent dix sept mille Volumes. Il fait l'Histoire des *Visirs. Benchonna* a écrit sa Vie.

Une justice inflexible & une fidélité inviolable dans ses promesses, furent la base de son Administration. Il ne fut jamais occupé du soin de se maintenir, mais cependant il le souhaita, parce qu'il sçavoit que ses sentimens suppléroient à ce qui lui manquoit de capacité, & qu'étant le maître des récompenses, il pouvoit les distribuer d'une maniere à faire concourir avec lui les Citoyens dont les talens seroient utiles. C'est ainsi qu'il tourna tout au profit de l'Etat.

Il évita de faire des recherches, toûjours odieuses, sur les richesses acquises pendant les abus du Ministere précedent, de peur d'effrayer l'industrie & d'alterer la confiance, qui doit toûjours régner entre le Souverain & ses Sujets, dont elle est le seul lien ; mais il punit les Auteurs de ces Projets odieux, dictez par l'interêt particulier aux dépens de la Nation.

Il débroüilla le Cahos des differens Tributs de tant de Provinces conquises successivement, que des interêts mal entendus attachoient avec obstination à d'anciens usages. Ce fut avec des ménagemens toûjours accompagnez d'une hardiesse prudente qu'il réduisit tous ces Tributs à l'uniformité, & détruisant des milliers d'emplois inutiles, multiplia par-là le nombre des Citoyens, *soulageant les Peuples , & en augmentant les Revenus de l'Etat. Enfin , il fit consister toute sa gloire dans celle du Roi , & toute la gloire du Roi dans le bonheur de ses Sujets.*

Dolka *Successeur* d'Ebn-Ebad , *est parvenu à ce Poste éminent par la faveur du Seïdar à qui il étoit attaché.* Seïdar , *pour régner toûjours , éleve le Roi son Fils dans l'ignorance & dans l'aversion du travail.* Dolka , *pour être toûjours necessaire a remis les Finances du Roi dans un nouveau Cahos , & la* Reine *& lui , ne sont occupez que d'ambition & d'avarice* (1).

Seigneur , dit Dolka *à* Fakredulat , *comment* Ebn-Ebad *a-t-il pû persuader que sa conduite étoit sage & irréprochable ? Il meurt , & je vois qu'il n'a enrichi tes Sujets qu'aux dépens de ton Trésor ? Si mon Trésor est moins abondant ,* répondit le Roi , *c'est parce que le* Visir *a rempli tous mes engagemens envers mes Sujets , chez qui je trouverai toûjours de nouvelles ressources , par l'abondance qu'il leur a procurée. Ah ! Seigneur ,* répondit Dol-

---

(1) Seïdar étoit si avare , qu'elle refusa de donner un drap pour ensevelir *Fakredulat,* qui avoit laissé trois mille habits dans sa Garderobbe , & ce fut un Docteur de la Loi qui y suppléa. *Nighiaristan.*

Dolka, quelle eſt cette nouvelle Politique, qui dépoüille le Souverain en faveur des Sujets ? tu ne peux faire craindre ta Puiſſance que par tes Richeſſes, & tu ne peux être aſſuré de la ſoumiſſion de tes Peuples, qu'en les tenant dans l'abbaiſſement & dans la pauvreté ; leurs biens t'appartiennent, & ils te ſont redevables de tout ce que tu veux bien leur laiſſer.

Ces maximes ſouvent répetées par la Reine, & par le Miniſtre, effacerent les grandes leçons d'Ebn-Ebad, & le Roi leur a abandonné juſqu'à ſa mort le Gouvernement de l'Etat (I).

La crainte de tes Armes a été un nouveau prétexte de remplir les Treſors du Roi ; mais ce n'eſt point par cette route facile & connuë d'Ebn Ebad. Dolka a impoſé des Tributs nouveaux, dont il a embarraſſé la levée par des formes ambiguës, difficiles à connoître pour ceux-mêmes qui en font une étude particuliere.

Des Barrieres multipliées arrêtent continuellement le tranſport des denrées : les Soldats ſont employez à des perquiſitions odieuſes.

(1) Le *Nigiariſtan* dit, qu'après la mort d'*Ebn-Ebad*, *Seïdar* ſe rendit tellement la Maîtreſſe de l'Eſprit de ſon Mari, qu'elle ne lui laiſſoit diſpoſer de rien.

ſes. Il eſt vrai qu'il y a dans le Treſor de la Reine dequoi payer les Troupes pendant pluſieurs mois ; mais les Peuples ſont hors d'état de contribuer dans la ſuite : Le Commerce gémit ; les Terres deviennent incultes , les Villages deſerts , & le Tribut ordinaire , autrefois ſi abondant , eſt preſque anéanti.

L'évenement a juſtifié le diſcours d'Ebn-Ebad au Roi. Seigneur , lui dit-il , un jour, gardez-vous bien de Dolka , ne vous laiſſez point ſéduire par une apparence d'ordre & de détail , qui n'eſt qu'une parade faſtueuſe d'un travail inutile. Dolka ſans élevation de génie , également incapable de grands deſſeins & de grandes reſſources , ne peut être de quelque uſage , que lorſqu'il ſera veillé par un Supérieur dont il craindra l'examen , ou dont il briguera les ſuffrages. S'il n'a rien au deſſus de lui , on ne verra que ſes vices , ſon habileté ne conſiſte que dans des fineſſes. Adroit artiſan de calomnies & de faux bruits , ſa politique n'eſt qu'un tiſſu de fourberie ; ſon eſprit fertile en raiſonnemens équivoques & en maximes captieuſes , les employe toûjours à des fins honteuſes : Il dépenſera pour ſéduire , & ne récompenſera point. S'irritant de la moindre réſiſtance , & implacable contre tout ce qui l'irrite , il ne cherche la gloire que dans le pouvoir ou dans les loüanges , dont il eſt avide. Enfin , tous ſes

D

talens font subalternes & tous ses vices pernicieux.

Giafar finit, en difant que la Reine am-
bitieufe, avare & incapable de gouverner,
laiffoit *Dolka* le Maître de tout.

CHA-

CHAPITRE VI.

Le Conseil.

LA source des fréquentes Révolutions de l'*Orient* n'étoit point dans le mécontentement des Peuples, plûtôt esclaves que Sujets; c'étoit dans l'Ambition des *Emirs* & dans la trop grande puissance de la Milice, toûjours prête à se révolter.

Mahmoud, dont la pénétration embrassoit tout, eut de différentes Milices, qui désunies par l'émulation & sous différens Chefs, ne se réünissoient qu'en lui seul.

Il partagea aussi le Ministére, & n'eût jamais de Premier *Emir*. Il avoit d'abord cherché ses Ministres dans ses Capitaines; mais il ne trouva en eux que des vertus guerrieres. Les loix Civiles, celle de la Police, du Commerce, & des autres parties nécessaires à la félicité publique, étoient ignorées de ces Hommes, qui nourris dans le tumulte oisif des Armes, n'estimoient que les loix Militaires qu'une expérience facile leur avoit aprises.

D 2 Ce

Ce fut fur fes propres lumieres, après le plus grand examen, & non pas fur des raports vagues & toûjours intéreffez, qu'il choifit le *Vifir Meimendi*, Homme de Loi, pour avoir l'Intendance de la Juftice & de la Police des mœurs.

Le General *Altuntah*, toûjours confulté pour la Guerre, n'avoit qu'une autorité paffagere fur les Troupes neceffaires à fes expeditions.

Amron, que des Emplois Subalternes avoient inftruit de tous les détails, donnoit les ordes aux Troupes, & étoit chargé du foin des Finances, & des productions de la Terre.

A ces trois Miniftres, il joignit *Giafar*, pour fçavoir ce qui fe paffoit chez les Nations Etrangéres, & former des Alliances avec elles.

Dans les Affaires importantes, le *Sultan* en faifoit écrire l'objet par des Secretaires particuliers, pour être communiqué aux Miniftres avant le Confeil; & par cette prévoyance il évitoit les décifions précipitées.

Prêt à porter la Guerre dans la *Perfe*, *Mahmoud* apprit que les Rois *Indiens*, à qui il venoit d'accorder la Paix après plufieurs Victoires, armoient de nouveau contre lui, malgré la foi des Traitez. Après que fes Miniftres

niſtres en furent inſtruits, & de la Lettre de
la Reine *Seïdar*, il les aſſembla pour délibe-
rer ſur çes deux Guerres. *Meimendi* parla le
premier en ces termes.

„ *Sultan*, l'injure que t'a fait le Roi de
„ *Perſe*, te met en droit d'attaquer ſes Etats
„ après ſa mort, & les Peuples ſont punis de
„ la faute des Rois; mais il convient à tes
„ propres interêts de porter la Guerre dans
„ les *Indes*, & de venger les Traittez violez.

„ Balance le prix des Conquêtes dans la
„ *Perſe* avec la difficulté de la Victoire. Tu
„ ne peux pas douter que le Sang, & encore
„ plus le péril commun, n'uniſſent le Roi de
„ *Schiras* & la Reine *Seïdar*, deux Ennemis
„ redoutables, dont les Armées ſont depuis
„ long-tems aguerries. L'*Iraque Perſique* t'op-
„ poſera encore plus de Deſerts & de Monta-
„ gnes, que d'Armées & de Citadelles. Quels
„ obſtacles à vaincre pour l'impatiente ému-
„ lation de tes Troupes. D'ailleurs ces Trou-
„ pes ſeront bien plus ardentes contre l'*In-
„ dien* idolâtre & infidelle à ſes Traittez, que
„ contre leurs Freres *Muſulmans*. Ajouterai-
„ je encore l'avidité du Soldat pour les Ri-
„ cheſſes Indiennes, aiguillon auſſi puiſſant
„ ſur ces Ames, que la gloire l'eſt dans les
„ Ames vertueuſes.

Altuntbah dit: „ *Sultan*, lors que tes Armes

„ mes étoient prêtes à conquérir les *Indes*;
„ *Fakredulat* profitant de ton abfence, a vou-
„ lu porter la Guerre dans tes Etats. Il t'a
„ obligé de donner la Paix à des Peuples à
„ demi fubjugez, & de ramener tes Armées à
„ travers de tant de vaftes Païs, au milieu des
„ difficultez que ta prudence feule pouvoit
„ furmonter. Loin que fa mort doive chan-
„ ger tes deffeins, elle te prepare une ven-
„ geance, & des Conquêtes plus faciles.
„ Charge quelqu'un de tes Generaux de con-
„ tenir, ou de vaincre ces Rois *Indiens*, &
„ abbats pour jamais l'ambition & le pouvoir
„ des *Buides*, trop long-tems Maîtres dans
„ l'*Afie*. Il eft vrai qu'il te faut de nouvelles
„ Milices; mais les Peuples font prêts à t'en
„ fournir. Ils fçavent que c'eft marcher à la
„ Victoire, & au butin, que de combattre
„ fous tes ordres.

„ *Amrou* parla ainfi: „ *Sultan*, ton glorieux
„ Regne n'eft qu'une fuite de Victoires, qui
„ donnent à tes Etats cette vafte étenduë de
„ Païs, comparable à celle que poffédoient
„ autrefois les *Califes*: mais malgré ta juftice
„ & ta bonté, tes Peuples fouffrent de la dé-
„ penfe de la Guerre, & de la licence du Sol-
„ dat. C'eft par leur mifére même que tu
„ trouveras aifément une nouvelle Milice,
„ dont l'entretien fera encore de nouveaux
„ malheureux.   „ Si

,, Si sans blesser la Majesté du Trône, tu
,, pouvois faire la Paix également avec la
,, *Perse* & avec l'*Inde*, les Etats que tu pos-
,, sédes deviendroient une source inépui-
,, sable de richesses, & jamais Monarque
,, n'auroit porté la Magnificence si loin. Ce
,, n'est point dans la quantité du Terrain
,, que consiste la Puissance d'un Roi ; c'est
,, dans le nombre des Sujets, & dans les
,, fruits que leur industrie sçait retirer de
,, la Terre. Donne la Paix à la *Perse* qui la
,, demande ; & si les Rois *Indiens* violent les
,, Traittez, pour leur porter une utile Guer-
,, re, va te rendre Maître des Villes qu'ils
,, ont sur la Mer, & de cette Côte qui four-
,, nit seule la denrée, que l'intempérance
,, des Hommes rend si précieuse (1). Ta sagesse approuve mes Projets sur le Commerce
& sur une Puissance Maritime inconnuë
dans l'Orient. C'est par-là que tu deviendras
encore plus redoutable à tes Ennemis, &
que tu verseras dans tes Etats une abondance
continuelle.

Giafar prit la parole & dit : ,, *Sultan*, la
,, connoissance particuliere que j'ai de l'E-
,, tat

_____

(1) La Côte de *Malabar*, d'où nous vient le
Poivre.

„ tat de la *Perſe* détermine mon avis. Il eſt
„ à craindre que l'union des *Buides* & l'ar-
„ deur des Peuples à défendre un jeune Roi
„ ne rende tes entrepriſes difficiles ; mais
„ le caractére de la Reine *Seïdar* & de ſon
„ Miniſtre bien-tôt détruiront cette union,
„ ralentiront cette ardeur des Peuples ; &
„ cauſeront une Guerre intérieure plus dan-
„ gereuſe encore pour eux que la Guerre
„ Etrangére. C'eſt alors qu'il te ſera facile de
„ vaincre des Peuples diviſez & mécontens.
„ Offre-leur à préſent une Tréve qui com-
„ mence à les affoiblir. Demande à la Reine
„ *Seïdar* la Citadelle de *Reï* (1). Exige auſſi du
„ Roi de *Schiras*, que le *Calife* diſpoſe libre-
„ ment de tout le Territoire de *Bagdet*. Ils
„ ſe croiront heureux d'éloigner tes Armes
„ à ce prix, & tu les porteras contre les Rois
„ *Indiens*.

Après que le *Sultan* eût demandé quelques éclairciſſemens particuliers, il leur dit :
*Je trouve à faire un uſage utile de tout ce que je
viens d'entendre.*

*Lorſque la neceſſité ne m'obligera pas de porter
les Armes dans la* Perſe *, la difficulté de l'En-
treprise*

_____

(1) Ce n'eſt pas *Reï* dans l'*Irac-Agemi*, c'eſt *Reï*
ſur les Frontiéres du *Coraſſan* & de la *Perſe*.

treprise doit sans doute en détourner, & ce n'est
que par une Politique nécessaire qu'il est permis au
Musulman de combatre le Musulman. Mais les
hostilitez du Roi de Perse me laissent le droit de
l'attaquer, & de procurer à l'Asie par une juste
balance, une Paix durable, l'unique objet de mes
vœux. Malheur à celui qui ne combat que pour
subjuguer des Nations!

Giafar, offrez la Paix aux Conditions que
vous venez de dire, & soyez toûjours fidelle-
ment instruit de ce qui se passera dans la Perse.
Visir, préparez avec Amrou, la marche de mes
Armées, vers les Indes; en sorte que mes Sujets
n'en soient point foulez. Vous Altuntath, allez
commander sur ces Frontiéres des Indes menacées;
& dans une sage défense, attendez les ordres que
l'acceptation ou le refus de la Tréve doivent déterminer. Je concerterai avec chacun de vous, le détail des ordres que je vous donne.

CHA.

CHAPITRE VII.

Les Parfis (1).

LA Tréve fut bien-tôt arrêtée aux Conditions propofées par *Mahmoud*, *Seidar* & fon Miniftre n'en levérent pas moins de Tributs, & le Roi de *Schiras* fe crût toûjours prêt à reprendre le peu d'autorité qu'il cédoit à *Cadher*, mais ce *Calife* s'en fervit avec tant d'habileté, qu'il la conferva pendant toute fa vie, & montra à un de fes Succeffeurs le moyen de fe délivrer des Puiffances Etrangéres.

Cependant *Mahmoud* envoya par le *Segeftan* la moitié de l'Armée deftinée pour les *Indes*, & traverfa avec l'autre la partie Méridionale du *Coraffan*, où il fit repofer fes Trou-

(1) *Parfis*, dont l'ancienne fignification étoit un *Perfan*, ne fignifie à préfent, que celui qui profeffe l'ancienne Religion des *Perfes* Adorateurs du Feu. Il y a encore à *Ifpahan* un Fauxbourg Peuplé de *Parfis* ou *Guébres*. *Schah-Abbas* a achevé de détruire leurs Temples dans la *Perfe*, & ils fe font retirez dans les *Indes*.

Troupes dans le Terroir fertile de *Herah*, Ville fameuse par sa grandeur, & par le *Pirée*, (1) Monument ancien de la Religion des *Parsis*, & de la destruction des Rois *Sassanides* (2).

Jesdegird, le dernier de ses Rois, vaincu & détrôné par le *Calife Omar*, fut long-tems errant & cherchant dans la fidélité des Peuples du *Corassan*, des ressources contre son Ennemi. Il perit enfin, trahi par un de ses Sujets, & cet Evenement sert encore d'Epoque à nos Histoires (3).

Après

(1) *Pirée* est un Temple dédié au Feu.

(2) La Dynastie des *Sassanides* ou des *Kosroës*, la quatriéme des *Perses*. Elle commença environ l'an 200. de l'Ere chrétienne & a duré 418. ans. *Ardeschir* Fondateur de cette Dynastie est appellé *Artaxercès* par *Dion* & les autres Auteurs *Occidentaux*.

(3) C'est peut-être l'Epoque la plus étonnante de l'Histoire & la moins connuë des *Occidentaux*. Les Conquêtes d'*Alexandre* dans l'*Orient* n'ont pas été si promptes, ni si singulieres. Il commandoit une Armée aguerrie, dont les Capitaines avoient vieilli sous Philippe son Pere ; mais les Arabes qui firent en moins de dix ans la Conquête de la *Perse* sur *Jesdegird*, de la *Syrie* & de l'*Egypte* sur *Héraclius* Empereur de Grece, étoient des Gens ramassez par hazard & par un zéle de Religion nouvelle, Soldats sans discipline, sous des Chefs sans expérience, & presque sans Autorité. C'est l'*Epoque Jesdegirde*, fameuse chez les *Orientaux*.

E 2

Après la destruction de cette puissante *Dynastie*, l'éloquence des *Imans* détruisoit tous les jours l'ancienne Religion de ce grand Empire , & le progrès du *Musulma-nisme* suivoit de près le progrès des Armes des *Califes*. Les Mosquées s'éleverent sur les ruines des Temples consacrez au Feu ; mais tout ne changea pas. Il resta des *Parsis* également fidéles à leurs Rois & à leur Religion. Ils dérobérent au Vainqueur , le Fils d'*Iesdegird* ; & quoique dispersez , ils sçûrent dans la suite , racheter la liberté de leur Culte , & conserver des Temples , parmi lesquels celui de *Herah* , a toûjours été le plus fameux , parce qu'il avoit servi d'azile à la Famille d'*Iesdegird*, que les *Parsis* regardoient toûjours comme leur Souverain , dont cependant toute l'Autorité consistoit dans le respect de la Nation.

Il ne restoit de cette Famille infortunée , qu'une jeune Princesse , appellée *Statira*, (1) que mille Vertus rendoient encore plus célébre que son éclatante beauté. Elle avoit été élevée par les *Mages* dans l'enceinte du Temple , & les *Parsis* la choisirent pour presen-

---

(1) *Iesdegird* laissa deux Filles que deux Fils d'*Ali* épousérent. On ignore dans quels livres , l'Auteur a trouvé cette *Statira* quatre cens ans après la mort de *Iesdegird*.

senter le Tribut annuel. Le *Sultan* fut vivement touché des graces modestes de cette Princesse. Cependant il écouta avec attention le discours d'un des Députez *Parsis* qui lui parla ainsi.

„ Nous implorons ta justice contre le „ Gouverneur du *Corassan* qui se sert de ton „ Nom sacré pour persécuter l'innocence. „ Ce n'est pas à nous à te porter les plaintes „ de la Province entiére, nôtre voix ne s'é- „ tend que sur nous-mêmes. Peuple mal- „ heureux, dont l'Empire & la Puissance „ ont été détruites ! Nous avons trouvé „ dans tes Etats un azile pour nôtre Culte „ & pour nos loix particulieres. C'est toi- „ même qui a réglé le Tribut qui nous met „ au rang de tes Sujets, & qui nous dispense „ de ta Milice. Toûjours fidelles, toûjours „ soûmis, que peut-on craindre de ceux qui „ veulent être desarmez (1) ?

„ Cependant l'injuste *Tissa* semble n'avoir „ de puissance que pour nous opprimer. Il „ a dit à un riche *Parsis* : Je veux que tu „ sois dans ma Milice. Le *Parsis* lui a ré- „ pondu : Le *Sultan* m'en a exempté, & „ je

(1) Les *Parsis* étoient alors dans l'*Asie* à peu près comme les *Juifs* sont à present dans plusieurs Etats de l'*Europe*.

„ je ne veux point détruire mon Frere. Si
„ les *Parſis* me diſoient : ton Frere nuit à
„ la Société, nous t'ordonnons de le détrui-
„ re, je pleurerois ſur lui, & je le détrui-
„ rois par amour pour ma Nation, & non
„ par colére. Le Divin *Zoroaſtre*, (1) a or-
„ donné d'augmenter le nombre des Adora-
„ teurs, & de cultiver la Terre qui les nour-
„ rit. Pourquoi veux-tu me détourner de ſa
„ Loi ?

„ Ces raiſons ont irrité *Tiſſa*, & ſes Satelli-
„ tes ont conduit le *Parſis* dans la priſon, en
„ l'appellant du nom odieux de *Guêbre*.

„ *Tiſſa* a dit à une *Parſis* : Je veux que tu
„ épouſe celui qui me verſe à boire, & que
„ tu partages tes richeſſes avec lui. Cette
„ Fille lui a répondu : *Zoroaſtre* m'ordonne
„ d'épouſer le *Parſis* mon plus proche Pa-
„ rent, afin que les liens du ſang augmen-
„ tent encore l'amour des Epoux. Mais *Tiſſa*
„ a blaſphêmé contre un Loi ſi Sainte, & il
„ s'eſt emparé du bien de la Fille.

„ Deux Officiers de ſa Garde ont aſſaſ-
„ ſiné un *Parſis* : le Fils a demandé juſtice;
mais

(1) *Zoroaſtre* ou *Zerdak*, Légiſlateur & Auteur
de la Religion des *Mages* ou Adorateurs du Feu.
Voyez ce qu'en dit Monſieur *Prideaux* dans l'Hiſtoire du Peuple *Juif*.

,, mais le Meurtrier avoit donné vingt livres
,, d'or à *Nadi*, Favorite de *Tiſſa*. Elle a fait
,, déclarer que le *Parſis* étoit l'Agreſſeur, &
,, le Fils a été obligé de racheter le Corps de
,, ſon Pere.

,, Enfin, *Seigneur*, la liberté du Culte,
,, eſt chaque jour miſe à prix, & nos loix ne
,, ſont plus que la volonté de *Tiſſa*. Souf-
,, friras-tu cette Tyrannie ſur un Peuple ſi
,, fidelle ?

Mahmoud leur dit : Parſis, *vous ne ſerez*
point troublez, ni dans vôtre Culte, ni dans vos
Loix, & je punirai ſeverement les infracteurs de
mes promeſſes ; mais je dois entendre les raiſons du
Gouverneur. Il ſeroit à Herah, ſi mes ordres ne
l'avoient envoyé viſiter les Frontieres du Kovarems. Il ordonna en même tems à *Meimendi*,
de ſçavoir la verité ſur les plaintes des *Parſis*,
& de lui en rendre compte.

CHA-

CHAPITRE VIII.

La Princesse de Perse.

LA Sultane *Haramnour* avoit rejoint *Mahmoud* à *Herah*, & d'une Tribune à travers un rideau, elle avoit été témoin de l'Audience des *Parsis*. Le *Sultan* seul avec elle lui dit : *Je veux vous donner une Compagne. C'est assurément la Princesse de Perse, lui répondit la Sultane ; & je partagerai sans peine vôtre tendresse avec elle. Chargez-moi, Seigneur, de lui annoncer le bonheur, où vous la destinez ; afin que ce soit le commencement de l'union qui doit toûjours être entr'elle & moi. Mais, Sultane, répondit Mahmoud, ne dois-je pas me plaindre de vôtre indifférence sur le partage de ma tendresse. Ah! Seigneur, repliqua la Sultane, rien ne doit jamais partager la mienne, & tout mon cœur n'est fait que pour vous ; mais le cœur de Mahmoud se doit à l'Univers, &*
c'est

c'est assez pour moi de l'occuper quelques mo-
mens.

Haramnour alla au Temple , où *Statira*
la reçût avec un respect qui ne démentoit
point le caractere de sa haute naissance. *Bel-*
le Princesse , lui dit la *Sultane* , en l'embras-
sant ; *le Ciel cesse de vous être contraire , &*
ses faveurs vont égaler vos disgraces. Sultane ,
répondit *Statira* , *j'ai adoré sans murmure le*
Decret du grand Orosmade , *qui a permis la*
destruction de ma Famille , dont je suis le seul
reste ; peut-être plus heureuse dans les occupations
de ce saint Temple que sur le Trône des Sassa-
nides , dont sans doute je n'etois pas digne. Le
Sultan , dit Haramnour , *veut réparer les in-*
justices de la Fortune. Heureuse Epouse , vous
partagerez son Trône & sa *gloire. Quoi !* dit
Statira , *surprise , les bontez du* Sultan *me*
choisissent , pour être vôtre Compagne....... Oüi ,
Princesse , interrompit la *Sultane* , *& c'est à*
vous à en fixer le jour , que l'impatience de Mah-
moud trouvera trop éloigné. Les bontez du Sultan , reprit *Statira* , *me choisissent pour son*
Epouse , & c'est de vous , Sultane , *que je l'ap-*
prens ! avec ces témoignages d'amitié , quel exemple
de vertu ne me donnez-vous pas , & par quel ten-
dre attachement dois-je vous en marquer ma re-
connoissance ?

F   *Prin-*

Princesse, dit *Haramnour*, l'*Amour* & le devoir qui nous attachent au même Epoux, doivent nous attacher l'une à l'autre, & ce n'est que dans les ames communes que ces sentimens deviennent une source de discorde. Oüi, *Sultane*, répondit la Princesse de *Perse*, & je vous demande déja une nouvelle marque de vôtre amitié; obtenez du Sultan, que ce nœud Sacré soit formé par un Mage, dans le Jardin de ce saint Temple, le premier jour du Printems, & qu'il me soit permis d'employer ces trois jours d'intervale à purifier mon ame dans la retraite, pour me rendre digne des graces d'Orosmade, (1) & des faveurs de mon *Epoux*. La Sultane lui promit d'obtenir ce qu'elle demandoit, & ces Princesses se séparerent après mille témoignages de l'union la plus sincere.

Le jour destiné à la Ceremonie, tous les *Mages* du Temple reçûrent le *Sultan* à la porte du grand Jardin, où *Statira* se jetta à ses pieds. Le *Sultan* la releva avec tendresse; & au milieu d'elle & d'*Haramnour*, il fut conduit dans un Jardin particulier, où il n'entra que trois *Mages* necessaires à la Ceremonie.

Là,

(1) Les *Parsis* adorent la Divinité sous le nom d'*Orosmade*. *Ahermen* est l'esprit des ténébres.

Là, dans un Cabinet de Mirthe, que l'art n'avoit orné que de fleurs & de feüillages, après que le Grand *Mage* eût fait plusieurs invocations à voix basse, & brûlé des parfums au Feu sacré, allumé des rayons du Soleil, la Princesse de *Perse*, tenant un flambeau allumé, fit cette Priere.

O *Toi ! à qui Orosmade a laissé le soin de veiller à ce sacré Mystere, celeste Aniran, (1) si mon Culte dans chaque jour de la révolution t'a trouvé favorable, inspire à mon Epoux une ardeur aussi pure que la lumiere ; que tout ce qui ne sera pas allumé de ce saint Feu, soit le partage de ses Esclaves, & qu'il reçoive de mon Amour le Tribut que le Soleil nous demande, fruit d'un heureux Mariage. Retranche de mes jours pour ajoûter à ceux de mon Epoux, afin que je ne sois pas assez infortunee pour être le témoin de sa mort.*

Alors le Grand *Mage*, la face tournée vers l'*Orient*, s'écria prosterné : *Image devant qui nous nous prosternons, Flambeau de l'Univers, exauce les Vœux de* Statira. *Répands sur ces heureux Epoux, ces rayons divins qui rendent toute la Nature*

(1) *Aniran* est l'Ange, qui, selon les *Parsis*, a le soin des Mariages. Ils célébroient sa Fête le 27. jour de la Lune.

Nature féconde , & fais que les fruits de leur Amour connoissent toûjours tes loix , & célébrent ta gloire.

Alors le *Mage* leur ordonna de se prosterner , les bras entre-lassez , & de ne se relever , qu'après que *Statira* auroit dit l'Hymne , à l'honneur des douze Maisons du Soleil. Il prit ce tems , pour sortir de ce Cabinet avec *Haramnour* & les deux *Mages.*

L'Amoureux *Mahmoud* , seul avec son Epouse , joignit les plus vives caresses aux plus tendres protestations. Il fut surpris de sa résistance. *C'est vôtre Epoux, belle Statira,* lui dit-il , *qui vous conjure de répondre à son ardeur ; devez-vous ne lui pas donner des témoignages de la vôtre ? Seigneur ,* répondit la Princesse , *je livre mon cœur à un Epoux que j'adore , mais devez-vous abuser de ce nom , & mes faveurs doivent-elles être le prix d'une Cérémonie. Ah ! Prince , si vous connoissiez les délicatesses de l'Amour , comme vous m'apprenez à les connoître dans ce moment , vous auriez plus d'empressement à me parler de vos désirs , qu'à les satisfaire , & vous chercheriez à mériter ce que vous cherchez à emporter. Mais , Princesse ,* dit *Mahmoud , doutez-vous que mes sentimens ne méritent tout ce que vous allez*

allez faire pour moi ? Les yeux de la Princesse devenoient plus tendres & plus animez,
& l'impatient *Mahmoud* espera qu'une douce violence acheveroit de le rendre heureux,
lorsque s'arrachant d'entre ses bras : *Quelle
estime auriez-vous de moi*, lui dit-elle, *si je
me rendois à vos premiers desirs, & si je suc-
combois aux miens ?* Elle sortit, pour rejoin-
dre *Haramnour*, qui n'étoit pas éloignée,
& *Mahmoud* la suivit. *Aidez-moi*, dit-il, *à
la Sultane*, *à vaincre l'obstination de cette
Princesse ; Elle s'arrache des bras d'un Epoux,
sans que la tendresse ni le devoir puisse la retenir. Seigneur*, dit *Statira*, *je connois mes
devoirs ; & lorsque vous ordonnerez, il ne re-
stera à vôtre Epouse infortunée que l'obéissance,
mais alors je ferai la victime de ce malheureux
devoir, & l'Amour, ce devin Amour, qui
seul peut rendre nos cœurs heureux, ne nous
animera plus. Prince, que la suite de nôtre Hy-
men soit le commencement d'une sainte ardeur,
à laquelle mon cœur se livre entierement ? Ce
n'est que la fuite qui m'a garantie de mes propres desirs. Hélas ! quelle Princesse a combattu
contre un Heros si aimable ? Mais*, interrompit
Haramnour, *cette sainte ardeur qui doit suivre
vôtre Hymenée, se refuse-t-elle à toutes les
douceurs de cette union ? Elle ne s'y refuse pas*,
repli-

repliqua *Statira* , mais c'eſt l'*Amour* qui en
réglé les momens. Eh ! doutiez-vous de mon
Amour , dit *Mahmoud* ? Je n'avois que trop
de penchant à vous croire , répondit *Statira* ,
mais ſuis-je indigne de la ſeule gloire de nôtre
Sexe ? Mon Epoux n'ignorera pas que je ſçai
triompher de mes deſirs les plus ardens ,
& ſi j'ai trouvé grace devant lui , qu'il ne
demande à ſon Epouſe , que ce que l'*Amour*
lui inſpirera. Si mon cœur vous étoit connu , répondit le *Sultan* , vous ne differeriez
pas un bonheur qui doit être le prix de l'A-
mour , mais c'eſt à vous à ordonner de ma deſtinée.

Cependant l'Armée continua ſa marche
du côté de *Candahar* , *Mahmoud* étoit toûjours à la tête des Troupes ; & après en
avoir ordonné les diſpoſitions & les Campe-
mens , il revenoit aux *Sultanes* , & par le
plus tendre empreſſement il perſuadoit *Statira* , dont la réſiſtance s'affoibliſſoit chaque
jour. Enfin , cet Epoux devint heureux
Amant. Enchanté de toutes les nouvelles
graces qu'il découvrit dans ſon Epouſe , il
ſe proſterna devant la ſageſſe de *Mahomet* ,
qui refuſa d'aller en *Perſe* , dans la crainte
de ſe laiſſer ſéduire par les beautez en-
chantereſſes de ce Païs , qui ſervent de
　　　　　　　　　　　　　　　modé-

modéle aux *Houris* * du Jardin , & auf-
quelles les Anges mêmes ne réfifteroient
pas.

CHA-

---

* Le *Paradis* promis par *Mahomet* ne confifte
que dans des voluptez fenfuelles. Les *Houris* font
des Filles d'une beauté parfaite , deftinées aux plaifirs des *Mufulmans* qui ont mérité ce *Paradis* imaginaire.

CHAPITRE IX.

Décret.

L'Armée étoit arrivée à *Candahar*, Capitale de la Province des *Aguanes*, lorsque *Aflant-Giafeb*, Gouverneur de *Merou*, (1) demanda une audience à *Mahmoud*, qui vit, avec furprife, que ce Gouverneur, dont la fageffe étoit fi connuë dans *l'Afie*, avoit abandonné *Merou*. Sultan, lui dit *Giafeb*, *j'ai quitté mon Gouvernement fans tes ordres, parce que je l'ai crû neceffaire à ton fervice.*

La Province que tu m'as confiée fous Tiffa, eft prête à fe révolter. *Giafeb*, répondit *Mahmoud*, *vous n'avez pas dû quitter fans mes ordres l'Emploi qui vous a été confié; & vous avez dû vous fervir de mon Autorité, pour punir les féditieux;*
mais

(1) *Nichabour*, *Merou* & *Herah*, ont été fucceffivement les Capitales du *Coraffan*; dont la vafte étenduë étoit divifée en Gouvernemens particuliers, dépendans du Gouvernement général.

mais je sçai vôtre attachement à mon service, &
je veux bien vous écouter. J'ai fait cette faute, repliqua *Giaseb*, en la connoissant, & je viens
en recevoir la punition. La prudence timide suit
exactement le devoir préscrit, & sans craindre
de reproches, elle laisse périr un Peuple fidelle.
L'affection a d'autres régles, Sultan, & la
mienne m'expose à te déplaire pour le salut de l'E-
tat. Je n'ai calmé les principaux Chefs, qu'en
venant apprendre ta volonté, mais ils refusent
d'obéïr à celle de *Tissa*, qui abusant de ton éloi-
gnement, les accable de sa Tyrannie. Voici sa réponse à mes remontrances tant de fois réiterées; ou
plûtôt, voici la réponse de Nadi, Maîtresse im-
périeuse, dont il suit aveuglement les Conseils.

Tissa à Giaseb.

,, Les Habitans de *Merou* ne sont faits
,, que pour payer les Tributs ordonnez, &
,, *Giaseb*, pour les y contraindre par toutes
,, les rigueurs.

Tissa, dit *Mahmoud*, à voulu par cette Lettre
vous faire connoître que j'ai sur mes Sujets un
Pouvoir absolu. Oüi, Seigneur, répondit *Giaseb*,
ton Pouvoir est absolu, & tes Sujets obéïront avec
soûmission à ta volonté; mais as-tu voulu donner
un Pouvoir arbitraire à tes Ministres ? Si tu les
G dispen-

dispenses de suivre les loix qu'il a plû à ta sagesse de prescrire, ton Pouvoir ne sera plus que la fantaisie de ceux à qui tu le confie.

Tu veux que la Province de Merou, paye la vingtiéme partie de sa récolte; c'est ce qu'elle fait avec zéle; & lorsque de plus grands besoins ont exigé de plus grands Tributs, elle l'a donné jusqu'au dixiéme; Mais Tissa, sous prétexte d'assurer les Frontiéres, imagine chaque jour de nouvelles véxations personnelles à son profit, & tes Peuples en sont accablez, sans que ton Trésor en devienne plus riche.

Est-ce là, Seigneur, l'usage du Pouvoir absolu? ordonne-moi de périr à la tête de tes Soldats, & que je ne sois plus le complice, ou le témoin de la misére publique. Mes Ministres, dit Mahmoud, m'ont déja rendu compte de plusieurs plaintes contre Tissa; & vôtre vertu, Giaseb, ne me laisse aucun soupçon sur la verité de ce que vous venez de me dire. Permets-moi, Seigneur, répondit Giaseb, d'ajouter, que je ne t'ai parlé que de Merou, mais que toutes les autres Provinces sont dans le même état, & sur tout Nichabour, qu'il a choisi pour sa demeure. Le mal est grand, & pressant, & tu ne sçaurois trop tôt y remédier. Je vais mander Tissa, dit Mahmoud, dois-je craindre quelque désobéissance de sa part? La licence qu'il a permis aux Soldats, répondit Giaseb, leur fait aimer son autorité sans attachement pour sa Personne;

fonne ; & fi tu fais connoître que fes véxations
ont été faites fans tes ordres, tout de viendra foûmis
à tes volontez, & j'ai affez de Troupes fidelles à
Merou, pour te répondre du fuccès.

Mahmoud, après avoir confulté avec Giafeb & les Miniftres, fit expédier ce Décret :

Décret.

Moi le Sultan.

Article 1.

Tiffa viendra me rendre compte de fa conduite.

Article 2.

Giafeb commandera à fa place dans le Coraffan.

Article 3.

Mes Sujets du Coraffan ne payeront point d'autre Tribut, que la vingtiéme partie de leur récolte.

Tiffa, dit Mahmoud, a commis le plus grand
des Crimes, en expofant mes Sujets à la révolte ;
Et fi j'ai été lent à punir fes injuftices, c'eft que
je ne l'ai crû coupable que de quelques fautes, &

je me souvenois des grands services de son pere. Allez, Giaseb, allez réparer mon imprudence, & songez que vous exercez la justice de Mahmoud.

CHA-

CHAPITRE X.

Juſtice Nocturne.

DAns une Audiance particuliere du *Sul-tan*, un Habitant, nommé *Zadi*, lui demanda juſtice contre les violences de deux Hommes de ſa Milice qui étant entrez chez lui de force, lui avoient demandé ſa Fille ; & irritez de ce qu'elle avoit échapé à leurs deſirs criminels, ils l'avoient menacé de le tuër, s'il ne la leur livroit le lendemain. *Faites moi avertir*, lui dit le *Sultan*, *lorſqu'ils reviendront*. On lui apprit la nuit ſuivante qu'ils étoient dans la maiſon de *Zadi*; Il y alla lui-même avec une partie de ſa Garde, & après avoir fait environner la Maiſon, il ordonna d'éteindre les flambeaux, & de tuër les deux Criminels (1).

Après que les ordres eurent été executez; il fit rallumer les flambeaux, & ayant vû les Corps de ces Malheureux, il fit la Priere

à

(1) Ce fait eſt rapporté dans le *Nighiariſtan.*

à genoux, & demanda à *Zadi* de lui donner
à manger. *Zadi* n'eût à lui offrir qu'un mauvais repas ; & se prosternant à ses pieds, il
le supplia de lui dire, pourquoi il avoit fait
fait éteindre les flambeaux ; pourquoi il avoit
fait la Priere, après avoir vû ceux qui avoient
été tuez, & enfin, pourquoi il avoit demandé à manger. *Mahmoud* lui répondit :
*J'ai craint que de mes Amis, ou des Princes de
mon Sang ne fussent les Auteurs du Crime dans
l'esperance de l'Impunité, & je n'ai pas voulu
m'exposer par leur vûë à une pitié criminelle. Mais
lorsqu'à la clarté des flambeaux, j'ai vû que c'é-
toient des Inconnus, j'en ai remercié le Ciel. Enfin, je vous ai demandé à manger, parce que
depuis que j'ai sçû la violence qui vous a été faite,
je n'ai pû prendre aucun repos ni aucune nourriture, dans la considération des malheurs, où les
Peuples sont réduits ; puisque dans le lieu-même,
où j'habite, & sous mes yeux, l'injustice est si
hardie. Zadi, mon Trésorier vous donnera une
dot pour vôtre Fille. Allez en paix, & publiez à*
Candahar, *de quelle maniére* Mahmoud *punit
le Crime.*

CHA=

CHAPITRE XI.

Gebal.

LE General *Altuntah* avoit reçû & exe-
cuté les ordres de conſtruire des Ponts
pour le paſſage du *Sind*. (1), où *Mahmoud*
réünit toute l'Armée. Cette partie de l'*In-*
de étoit ſous ſa Domination, juſqu'à la Riviere de *Patdar* (2); du côté de la Mer;
& juſqu'à *Deli* vers l'*Orient* : c'étoient les
Frontieres du Royaume de *Gebal*, Roi de
l'*Indoſtan*.

Ce Roi, Auteur de la Guerre contre
Mahmoud, étoit né avec des talens pour
Gouverner; mais la vivacité des paſſions,
& l'inhabitude au travail, ne lui permet-
toient aucun examen. Avec un courage guer-
rier;

(1) Le fleuve *Indus* qui a donné le nom à tout
ce vaſte Païs.
(2) La Riviere de *Patdar* a ſon embouchure
dans la Mer des *Indes*, au Nord de *Guzurate* 23.
degrez Lat. 90. long.

rier , il avoit un esprit timide , embelli de
vivacitez brillantes , & souvent indécentes ;
toûjours entraîné par les dernieres raisons ;
toûjours séduit par ses Ministres, il ne faisoit que leur volonté , lors même qu'il pen-
soit ne faire que la sienne. Il aimoit son Peuple : il aimoit la justice. Bon Roi , si le Ciel
l'avoit favorisé d'un grand Ministre.

Son *Visir* *Asmet* n'eut pas de peine à l'engager dans ses premieres guerres contre
Mahmoud , de qui il reçut deux fois la Paix,
& une fois la Liberté qu'il avoit perduë dans
une Bataille. La reconnoissance du bien-fait
fut moins forte que le desir de vanger l'af-
front. Il engagea , par le Conseil de son *Visir* , des Rois voisins dans une Ligue contre
Mahmoud , sous le pretexte plausible de sa
vaste Puissance , & sur l'esperance d'une diversion de la part du Roi de *Perse* : Il avoit
assemblé avec ses Alliez une nombreuse Armée , & s'étoit déja emparé de quelques
Villes , lorsqu'il apprit l'arrivée de *Mahmoud* , dont la diligence l'étonna. Il crut devoir attaquer des Troupes fatiguées d'une si
longue marche ; mais elles étoient campées
d'une maniere à rendre ses efforts inutiles,
jusqu'à ce que *Mahmoud* , bien instruit des
forces & des dispositions de ses Ennemis, les
attaqua lui même si à propos , & avec tant
d'ordre,

d'ordre, qu'il les mit entierement en dérou-
te. Deux Rois furent tuez & deux faits Pri-
fonniers. *Gebal* bleffé & prefque feul, fe fau-
va avec peine dans *Bethefim* fa Capitale, où,
après avoir puni les Confeillers de cette malheureufe Guerre, il fit dreffer un Bucher au
milieu de la grande Place, & parla ainfi au
Peuple, étonné de ce nouveau Spectacle.

J'ai entrepris trois fois des Guerres injuftes, &
trois fois j'en ai été puni par la défaite des mes Ar-
mées. J'ai méprifé les Confeils fages pour me livrer à
une folle Ambition, & je n'ai été éclairé que par mes
malheurs. Il eft tems que je me puniffe moi-même,
& que je vange mon Peuple des maux que je lui ai
caufez.

Radiatil, ma chere Fille, je ne vous laiffe qu'un
Titre imaginaire de Reine. Vos Etats font deve-
nus le jufte prix des Victoires de Mahmoud. *Si*
vôtre beauté & vos vertus vous rendent digne de
fes regards, recevez la main de ce Héros. Deux
fois fa Clémence avoit oublié mes injuftices, & il
feroit encore prêt à me donner la Paix. Mais des
devoirs plus forts que les devoirs Humains, m'or-
donnent d'abandonner la Couronne ; Et lorfque
Vichnou (1) *a refufé à mes Peuples le droit de*

H *me*

_____

(1) Les *Indiens* adorent la Divinité fous le nom
de *Vichnou*, qui a donné à *Brama* la puiffance de
créer le monde. Voyez le Livre du Miniftre *Abra-*
ham Roger ; Intitulé *la Porte ouverte*, &c.

me juger , il me juge lui-même indigne de Gou-
verner , & il ne me promet le pardon , que par le
Sacrifice volontaire de moi-même (1). *Essuyez vos*
larmes , Radiatil, *j'obéis à cette puissante Voix*
Que mon exemple instruise Mahmoud *, & qu'il*
apprenne à tous les Rois qu'ils ont un Juge inexo-
rable sur leurs devoirs envers leurs Sujets.

A ces mots , tenant à la main un Vase
d'eau du *Gange* (2) , qu'il se crut indigne
d'avaler , ce Roi infortuné se précipita au
milieu des flammes , dont il fut dévoré dans
un instant. Les Peuples arrosèrent ses cen-
dres d'eau , & implorerent son secours auprès de *Vichnou.*

CHA-

(1) Il est dit dans la vie de *Mahmoud ,* que
Gebal Roi de l'*Indostan* ayant été pris deux fois ,
fut obligé de se brûler selon la coûtume du Païs ,
Bibliot. Orient.

(2) Selon leur Religion , il ne peut rien arriver
de plus avantageux en mourant que d'avaler de l'eau
du *Gange* ou de tenir une Queuë de Bœuf ou de
Vache dans la main. V. *Abraham Roger ,* ou les
Cérémonies des Peuples Idolâtres, dessinées par Picard,
To. premier.

CHAPITRE XII.

Radiatil.

PEu de jours après la mort de *Gebal*, *Mahmoud* parut aux Portes de *Bethe-sim*. *Radiatil* voulut en vain obliger les Habitans à se défendre, l'effroi s'étoit emparé de tous les cœurs, & tout se soumit à *Mahmoud*. Par les ordres qu'il donna & par l'exacte discipline de son Armée, à peine restoit-il une image de Guerre, & les Vaincus devenus nouveaux Sujets de *Mahmoud*, étoient déja confondus avec les Vainqueurs.

La fiere *Radiatil* n'avoit aucune part à ce qui se passoit, & lorsque *Mahmoud* fit son entrée à *Bethesim*, elle l'attendit dans son Palais, & sur son Trône. *Mahmoud*, lui dit-elle, le voyant paroître, *Maître de mes Etats, te flates-tu de l'être aussi de ma Personne? Et ignores-tu, qu'une Reine, comme moi, est toûjours la Maîtresse de son sort?*

H 2   *Com-*

Comment useras-tu de ta Victoire ? Comment dois-je en user, répondit *Mahmoud ?* La Politique, repliqua la Reine, *te conseille de me faire mourir*, *pour t'assûrer l'Indostan. Que me conseille la gloire*, dit *Mahmoud ? Radiatil* surprise, hésita, & répondit : *La gloire te Conseille de pardonner à tous les Rois de l'Indostan, de les rendre tes Vassaux, & de n'être plus servi que par des Rois.* J'ai de plus grands desseins, répondit *Mahmoud,* charmé du courage & de la beauté de la Reine, *c'est de vous demander vôtre main que vous avez refusée à tant de Rois.* Ils en a-voient le nom, répondit *Radiatil, sans en a-voir les vertus, mais le Vainqueur de l'Inde est digne de* Radiatil, *& je lui donne ma main & mon cœur.*

Radiatil, en jettant un poignard, dont elle étoit résoluë de se tuër plûtôt que de souffrir l'Esclavage, descendit de son Trô-ne, pour y faire asseoir *Mahmoud,* qui lui dit : *Reine*, *je partagerai le Trône avec vous ; & vôtre sagesse m'aidera à gouverner de nouveaux Sujets qui ne me seront pas moins chers, qu'à vous même ; ordonnez à vos Bra-mines de nous unir demain par des nœuds indisso-lubles.*

Le lendemain , *Mahmoud,* & *Radiatil* furent portez sur des Palanquins au bord de
la

la Riviere de *Bethesim* , où mille Tentes avoient déja formé une nouvelle Ville, dont les Habitans attendoient l'accomplissement de cette auguste Ceremonie, avec l'impatience que donne le plus grand interêt joint à la nouveauté.

Cent jeunes *Bramines* répandirent devant les deux Epoux des eaux de Parfums , en chantant des Cantiques à l'honneur de *Vichnou* , d'*Esvara* & de *Brama* (1). Et après que le Grand Prêtre eut fait plusieurs Ablutions avec de l'eau de la Riviere de *Bethesim* , il dit , le visage tourné du côté du *Gange* (2).

Reine ,

(1) Les *Indiens* connoissent aussi un Dieu supérieur sous le nom d'*Esvara* , presque toûjours confondu avec *Vichnou*. Ce Dieu fit sortir de son nombril la fleur de *Tamara* , dont *Brama* tire son origine ; & c'est ce *Brama* à qui la Divinité a donné le pouvoir de créer l'Univers & de le conserver. Les *Bramines* en ont pris leur nom.

(2) Le respect Religieux que les *Parsis* ont pour le Feu, les *Indiens* l'ont pour l'Eau, La Riviere du *Gange* est réputée très-sainte, & les Dévots veulent mourir sur ses bords ; cependant dans les Cérémonies du Mariage ils allument un feu appellé *Homan*, qui est sacré, & qui dure cinq jours. Peut-être cette cérémonie & celle du *Panduël*, espece de Ciel formé de quatre arbres devant la porte de l'Epouse, ne s'observoient-elles pas dans le tems que l'Auteur a écrit.

Reine , vous n'êtes plus à vous ; la mort même
est trop foible pour détruire ce nœud sacré qui vient
de vous unir. Si vous êtes assez infortunée pour sur-
vivre à votre Epoux , le même bucher qui consume-
ra son corps , doit consumer le vôtre (1) Arrêtez,
Bramine, dit le *Sultan ,* je dispense la *Reine* de
cette Loi barbare , & je veux qu'elle vive...... Ah!
Seigneur , interrompit le *Bramine ,* est-ce aux
Hommes à dispenser des Loix que Vichnou *a pres-*
crites ? Mahmoud , dit la Reine *, en vain tu vou-*
drois l'ordonner , je sçais trop mes devoirs pour t'o-
béir. Eh! qu'elle est ton erreur , ajoûta le *Brami-*
ne , de croire avoir encore quelque autorité après ta
mort ? Peut-être ton ame passera-t-elle dans le corps
de quelque vil Insecte. Les Rois ne sont point
exemts du jugement redoutable de Vichnou *, qui*
les récompense ou les punit selon la justice qu'ils ren-
dent à leurs Peuples. Mais Sultan *, c'est à ton*
Iman *à te parler de ces choses. Reine , souvenez-*
vous que la Terre étoit remplie d'un Poison mortel
que le bon Esvara *a bien voulu avaler , pour nous*
en garantir, (2) *& vous devez à sa bonté d'être*
l'Epouse de ce grand Roi. Au milieu de cette gloi-
re , au milieu de vos plaisirs , n'oubliez jamais
　　　　　　　　　　　　　　　　　　Es-

(1) Cette coûtume *Indienne* n'est ignorée de personne.
　(2) La Remarque sur l'Histoire du poison avalé
par *Esvara* seroit trop longue. V. *Abraham Roger.*

Eſvara. *C'eſt en jeûnant & en ſe ſouvenant de lui
qu'on peut ſoulager les maux d'eſtomach que le Poi-
ſon lui cauſe. Il vous en a preſcrit les jours, ſoyez-y
fidelle, & imitez ſes Vertus, en faiſant du bien à
ceux-mêmes qui veulent vous faire du mal ; c'eſt
par-là que vous pouvez eſperer d'avaler en mourant
de l'eau du* Gange, *& de tenir une queuë de Bœuf
dans vôtre main, afin que vôtre ame paſſe dans le
corps d'une Vache* (1) *digne du Troupeau de* Foë (2).

Sultan, *nous étions à toi par le droit de Conquête, & nous devenons tes Sujets volontaires par ton
Mariage avec* Radiatil ; *Je te jure, au nom de ce
Peuple, une fidelité inviolable, dont tu peux voir
l'heureux préſage dans l'allegreſſe publique. Confonds tes nouveaux Sujets avec les anciens, & ſois
à jamais le Pere de tous.*

Que vôtre fécondité ſoit égale à celle du Gange,
& de la Riviere de Betheſim ; *& que nos Ames
paſſent tout le tems de l'expiation* (3), *dans le corps
des*

(1) Voyez la derniere remarque du Chapitre
précédent.

(2) Les Chinois ont un *Foë* différent de celui-
ci, & l'Hiſtoire de tous ces *Foës* eſt remplie d'ex-
travagances.

(3) C'eſt chez les Indiens que *Pithagore*, prit
l'idée de la *Métampſycoſe* ; elle eſt chez eux inſé-
parable de l'expiation, & c'eſt en punition de quelque crime que les Ames ſont condamnées à paſſer
pendant un tems, du corps d'un animal dans un autre.

des animaux les plus agréables à Vichnou. *Mais,
puis-je douter du bonheur de vôtre union ? tous les fignes me l'ont annoncé, & l'Or que j'ai fondu moi-
même , a paru comme de l'eau la plus pure* (1).

Alors le Grand Prêtre montra au Peuple
le *Tali* (2) , dont *Mahmoua* fit un nœud au
cou de *Radiaril.* Cette marque d'affûrance
de Mariage , fit jetter mille cris de joye à
tous les Affiftans, & finit la Ceremonie. Les
nouveaux Epoux furent portez fur les mêmes Palanquins au Palais de la Reine , au
milieu d'une foule de Peuples qui celebroient
ce grand jour par toutes les marques de ré-
joüiffance que l'idée du bonheur infpire.

CHA-

tre. La Vache eft l'animal le plus agréable à *Vichnou ;* & c'eft un grand péché d'en tuër.

(1) Les *Indiens* font extrêmement fuperftitieux
fur les préfages des Mariages. Que les Epoux trou-
vent un ferpent , où qu'on leur en parle , c'eft le
plus malheureux des fignes , & le Mariage ne s'a-
cheve pas. Ordinairement on fond une Piéce d'Or,
& fi l'Or fondu paroît obfcur, le figne eft mauvais ;
s'il paroît clair , le figne eft très-bon , &c.

(2) Le *Tali* eft une Ceinture avec une Idole
d'Or au bout. Le Mariage eft imparfait, jufqu'à ce
que l'Epoux la lie au cou de l'Epoufe. A la mort
du Mari , le *Tali* fe brûle avec fon corps pour marque de la diffolution du Mariage.

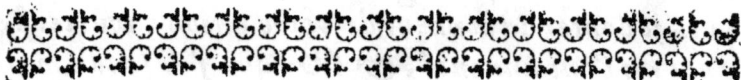

CHAPITRE XIII.

Mansoura (1).

LE Mariage de *Radiatil* facilita à *Mahmoud*, la Conquête de toute la partie Occidentale de l'*Induſtan* juſqu'à *Gebal* (2) *Cammoron*. Là grande Ville de *Manſoura* réſiſta quelque-tems ; elle demandoit des Priviléges particuliers que *Mahmoud* refuſa toûjours. *Pourquoi*, leur dit-il, *voulèz-vous avoir des préferences ſur mes autres Sujets ? Eſt-il juſte que ceux qui ont contribué à ma Victoire, ſoient moins heureux que les Vaincus ? Tous mes ſujets ſeront égaux, & contribuëront uniformément aux Dépenſes neceſſaires. Joüiſſez de vôtre ſituation avantageuſe, & de la fertilité de vôtre Terroir. Portez vôtre Commerce dans toutes les parties de l'Univers, tout vous favoriſera. Les Vaiſſeaux que je fais conſtruire aſſureront vôtre Navigation : Vos marchandiſes ſeront tranſportées librement dans tous mes Etats ; & ceux de vous qui ſe diſtingue-*

ront

(1) *Surate.*
(2) Le Cap de *Commorin.*

I

ront par des talens supérieurs , seront élevez aux
plus grands honneurs. Amrou , *vous accordera*
routes les Graces qui ne seront pas au préjudice de
mes autres Sujets.

C'eſt ainſi que la Ville de *Manſoura* eſt
devenuë le Magaſin general de l'*Aſie* , & le
Rendez vous de tous les Marchands du monde. *Amrou* détourna les Habitans d'avoir
d'autres Ecoles , que celles qui pouvoient les
inſtruire ſur la Navigation & ſur le Commerce , de peur que trop occupez des Sciences ,
ils ne négligeaſſent les Arts utiles.

Par le même principe , *Mahmoud* ſuprima
toutes les Ecoles des Campagnes , afin que
rien ne détournât de la Culture des terres
& du travail des Manufactures. *Gaſna* , &
les grandes Villes de ſa Domination fourniſ-
ſoient aſſez de Sujets pour les Sciences néceſ-
ſaires ou amuſantes. Les Laboureurs & les
Artiſans occupez , & récompenſez de leur
travail , vivoient dans une heureuſe ignorance de tout le reſte , les Enfans ne connoiſ-
ſoient que l Pro feſſion de leurs Peres.

CHA-

CHAPITRE XIV.

Les Algors.

PEndant qu'*Amrou*, occupé de former une Marine, étoit à *Diabul*, pour examiner la conſtruction des Vaiſſeaux & les Ouvrages du Port, des Ouvriers, ſuſcitez peut-ètre par ſes envieux, ſe plaignirent à *Mahmoud*, d'avoir été payez en *Algors* (1), ſur les Tributs de la Province de *Kovarems*, éloignée de trois cens *paraſanges* (2). *Mahmoud*, perſuadé de la fidelité de ſon Miniſtre, crut qu'il n'y avoit pas eu d'autre moyen

(1) *Algors* veut dire Reſcriptions ou Aſſignations, terme de Finance que le Traducteur n'a pû rendre.
(2) Un *Paraſange* eſt de deux lieuës de 25, au degré.

I 2

moyen de les satisfaire. Il envoya chercher un riche Marchand de *Bethesim*, pour lui emprunter la quantité d'Or necessaire à ce payement. *Sultan*, lui dit ce Marchand, après lui avoir donné ce qu'il demandoit, *en veux-tu davantage ; prens. Comment*, lui dit *Mahmoud*, étonné, *ne crains tu pas que j'abuse de mon Autorité pour ne point te rendre ce que tu me prêtes ? Quoi !* répondit le Marchand, *celui à qui le Ciel a confié le Gouvernement des Hommes, voudroit me tromper, & ne pas tenir ce qu'il promet ? Non, cette crainte seroit Criminelle* (1).

Au retour d'*Amrou*, le *Sultan* lui dit ce qui s'étoit passé. *Seigneur*, dit *Amrou*, *ne me crois pas assez imprudent, pour laisser épuiser ton Tresor, ou pour réduire le Maître de tant de Provinces au besoin d'un crédit particulier. J'ai payé tes Ouvriers sur les Tributs de Kovarems, parce que la valeur de tout ce qui porte ton auguste Cachet, est par tout égale au poids de l'Or qu'elle annonce, & il n'a tenu qu'à eux de l'éprouver.*

Que je fasse connoître à tes nouveaux Sujets la vaste étenduë de tes Etats en payant sur la Mer de Dilem,

(1) *Ebn-Amid* rapporte ce même fait dans *Matahed* seizième *Calife Abbaside* qui en versa des larmes. Ce *Calife* est renommé pour sa justice & sa modération.

Dilem , (1) *les dépenses faites sur la Mer des In-*
des , c'est peut-être un avantage frivole.

*Mais il n'est rien de plus utile à tes Sujets , que
de multiplier pour eux le Gage général des Echanges & du Commerce , & de leur faciliter les
payemens dans tous les lieux necessaires , tels que la
Province de* Kovarems.

Amrou, lui dit *Mahmoud , je devrois rougir
de ne point entendre ces choses, mais je ne rougirai
point de m'en instruire. Je te dirai,* Seigneur, répondit *Amrou , des choses communes, que les occupations Guerrières ne t'ont point laissé le tems de
développer.*

*Les seuls biens réels , sont les productions de la
Terre , & c'est d'elle que nous retirons tous nos
besoins , en réduisant tout à nos usages par l'industrie de nos Manufactures.*

*Mais toute Terre ne produit pas tout. Il faut
que chaque Païs se procure ce qui lui manque par
le superflu recueïlli. Cet Echange continuel est le
rand mobile de l'abondance.*

*Les Echanges n'ont pû se faire entre les pre-
miers Hommes que de denrée à denrée; c'est ainsi
qu'ils se font encore chez les* Sauvages , & chez
les Peuples non policez.

*Plus les Sociétez ont augmenté , plus les besoins
de détail ont augmenté , & par consequent les in-
commodités des premiers Echanges.* On a donc
imaginé

(1) Mer Caspienne.

imaginé un Gage ou Equivalent general d'un prix
certain, aifé à tranfporter, qui devint la mefure
commune de tout ce qui peut entrer dans le Commerce.

On a choifi pour cela l'Or & l'Argent, qui
indépendamment de cette Convention generale,
qui les rend fi précieux, ont encore une valeur par
les ufages qu'on en peut faire.

Mais les grands progrès du Commerce, ou des
befoins de l'Etat, ont rendu ces Métaux infuffi-
fans; il s'en fait une efpece de Multiplication par
la confiance des Particuliers entr'eux. Cette confiance doit être bien plus entiere pour le Sceau
du Souverain, & c'eft ainfi que je multiplie
dans tes Etats l'Or, & l'Argent, ou pour mieux
dire le Gage des Echanges. Tu en vois l'exemple dans les Algors dont j'ai payé tes Ouvriers.
Les Marchands de Bethefim, & de Diabul
ont à Kovarems les Marchandifes qu'ils en re-
tirent, & ils le peuvent aifément & fans rifque
par les Algors.

L'Or & l'Argent circule cependant toujours à l'ufage du Commerce, & ne font pas
anéantis par des Tranfports continuels. C'eft fur
des principes à peu près femblables que le Japon
& la Corée font devenus fi puiffans, & qu'il
jouïffent des riches produits de la Terre d'Ophir,
pendant que le Royaume de Java qui l'a conquife
n'en a que le poids de la Domination.

Vou

Vous m'apprennez, dit le *Sultan*, des choses utiles , *&* dont j'espére de faire de grands
usages. Cependant n'oublions pas de récompenser
le zéle vertueux du *Marchand* qui m'a offert ses
Richesses.

CHA-

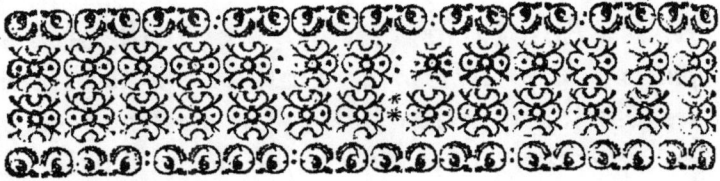

CHAPITRE XV.

Les Danseuses (1).

SOlabi, accompagnée de cinquante Danseuses, se presenta au *Sultan* qui étoit
avec ses Ministres, & lui dit : *Seigneur, j'ai
abandonné* Ispahan, *pour m'établir dans tes Etats,
& j'ai été suivie de quantité de Danseuses Persanes, dont je suis la Supérieure. Je viens t'offrir
un Spectacle qui n'est peut-être pas indigne de servir de délassement à tes Travaux.* Pourquoi, répondit *Mahmoud, avez-vous quitté la* Perse,
la Reine Seïdar *vous a-t elle renvoyées ? Non,
Seigneur,* dit Solabi, *& même le Visir* Dolka
*nous protegeoit particuliérement. Il abolit à notre
priére la Loi qui défendoit aux* Danseuses, *d'aller
dans les Maisons sans y être appellees ; mais malgré*

(1) *Chardin* parle des *Danseuses* de *Perse* à peu
près comme l'Auteur.

gré cela , nos exercices diminuoient chaque jour ,
& encore plus les rétributions si abondantes du
tems d'Ebn-Ebad (1). Seigneur , dit Amrou ,
puisque la protection de Dolka , n'a pû soûtenir
les Danseuses à Ispahan , je ne me tromperai pas
en assûrant que les Richesses de la Perse sont
beaucoup diminuées. Je le crois , dit Solabi ; car
quoique Dolka ait augmenté le Tribut que nous
payons , cependant il en retiroit beaucoup moins.
Le Sultan lui demanda , quel étoit son Emploi , & celui des Danseuses. Nous sommes ,
dit Solabi , appellées aux Fêtes que donnent les
Grands & les Riches , & nous les embellissons
par des jeux & des Danses. Nôtre spectacle est
divisé en deux , en quatre & en six Actes. Le
premier Acte n'est qu'une récitation des enchan-
temens de l'Amour. Dans les autres , ce sont les
suites ordinaires de cette Passion ; les soins , l'esperance , la jalousie , la fureur , & l'inconstance.
Les Attitudes des Danseuses , sont encore plus
expressives , que les Vers qu'elles disent , ou qu'elles chantent , excitées par tous les Instrumens de
Musique & par la voix même des Musiciens.

C'est à moi , en qualité de Supérieure , continua

_____

(1) C'est ce même Ebn-Ebad , Visir de Muïah
& de Fakredulat , dont il est parlé dans les Chapitres 4. & 5.

K

nua *Solabi*, *que les Poſtulantes s'adreſſent pour être reçûës*, *& je n'en reçois point au deſſus de l'âge de quinze ans*, *& qui ne ſoit capable de joüer dans le premier Acte. Les Bandes ſont de douze*, avec une *Supérieure particuliere*, *qui les envoye*, *ſelon le prix de la demande*, *qu'elle diſtribuë enſuite proportionellement aux talens de chacune. Je ne parle point du métier de* Courtiſa-nes, *qu'elles ſeules exercent. C'eſt ſur quoi les Supérieures n'ont d'autre droit que celui d'empê-cher le déſordre & de le faire punir. Les Dan-ſeuſes Royales ſont choiſies dans toutes les Ban-des*, *& l'eſperance de ce choix ſert à les perfec-tionner. Celles-là s'enrichiſſent aiſément par les préſens de tous les Grands de la Cour*, *qui dans les Fêtes ſe ſervent d'elles préférablement aux au-tres Danſeuſes. Allez*, Solabi, dit *Mahmoud*, *les Sultanes arrivent inceſſamment*, *préparez un Spectacle qui ſoit digne d'Elles.*

Après leur départ, le *Sultan* dit à ſes Mi-niſtres : *Si je dois recevoir les Danſeuſes*, *c'eſt avec la Loi qui leur défend d'aller dans les Mai-ſons ſans y être appellées*, *& c'eſt l'avarice im-prudente de* Dolka *qui l'avoit abolie dans la Per-ſe. Seigneur*, répondit *Giafar*; *lorſque les Dan-ſeuſes attendront qu'on les envoye chercher*, *elles ſerviront d'ornement dans les Fêtes*, *ou de délaſ-ſement après le travail*; *alors même elles peuvent garantir d'un attachement dangereux*; *mais il*

ne

ne doit pas leur être permis d'aller irriter des passions tranquiles, ou d'aller séduire de jeunes cœurs qui se livrent trop aisément aux plaisirs offerts.

Le Spectacle public, dit *Amrou*, est un objet digne de l'attention du Gouvernement. Il peut arrêter la férocité inséparable de l'usage continuel des *Armes* ; c'est un lien commun qui occupe la dangereuse oisiveté d'une jeunesse fougueuse ; mais il doit être rempli de maximes & d'exemples de vertu, qui corrigent la molesse des Danseuses Persanes, dont l'*Amour* est l'unique objet. Les Spectacles des autres Nations, répondit *Mahmoud*, sont remplis de toutes les passions ; les Vertus n'y sont jamais sans mêlange, & les Vices s'y présentent souvent avec de si beaux traits, que les impressions en doivent être extrémement dangereuses. C'est par ces passions, dit *Amrou*, que les grandes Sociétez se soûtiennent. L'ambition, l'interêt, l'amour, sont les ressorts qui conduisent les Hommes : c'est ne les pas connoître, que de leur en attribuer d'autres ; Mais ils veulent être estimez, & cette estime, sans laquelle ils ne peuvent être heureux, ne doit leur être accordée qu'autant qu'ils seront justes. Alors, leur ambition deviendra émulation ; l'interêt, prudence ; l'amour, délassement, la Justice ennoblit tout. Voilà, sur quels principes les Spectacles seront utiles chez toutes les Nations. Vous m'a-

vez

vez étonné ; répondit le *Sultan* , mais je sens
là vérité de vos discours , & je connois, combien
mes vûës en étoient éloignées. Je ramenois tout à
une idée confuse de Vertu, que je m'étois formée ,
& je doutois , si je ne devois pas interdire les
Spectacles , pour éviter les dangers du plaisir.
Ah ! Seigneur, répliqua *Amrou* , que ces especes de Vertu , qui ne prennent leur source que
dans une imagination particuliere , sont dangereuses ; Elles ne peuvent former qu'un Conducteur de Derviches. Le Dominateur de l'Asie doit
avoir la Vertu de toutes les Nations ; c'est là
Justice , c'est cette sublime Vertu , qui sçaura
toûjours t'arracher aux délices pour tes devoirs.

La nécessité de vivre ensemble , dit *Meinen-*
di , a obligé les Hommes de déposer entre les
mains d'un Souverain, le droit de liberté qui leur
est si naturel ; il en n'ait une obligation récipro-
que. Ton Peuple te doit le respect & l'obéissance ; & Tu lui dois une affection qui fasse oublier
la perte de sa liberté : Tu ne peux remplir ces
Conventions , qu'en travaillant sans cesse à son
bonheur ; C'est la Justice du Souverain. Tu sçais
quelle récompense t'est promise par le Prophête ;
Elle sera plus grande que celle d'Abœbekre &
d'Omar , qui ont été justes pendant un tems heureux , & Tu l'es pendant un tems de corruption.
Cette récompense sera précédée de la volupté su-
prême d'être l'Objet de l'estime & de l'Amour
d'un

d'un *Peuple* chéri. *Vôtre sagesse*, dit *Mahmoud*, ne cède point à celle des *Barmécides* (1). *Heureux* le *Roi* qui se conduit avec de tels Ministres.

(1) La puissance, les vertus & les disgraces des *Barmécides*, étoient fort renommées dans l'*Orient*. *Giafar-Barmec*, quitta *Balk*, lieu de sa naissance, pour venir au service de *Soliman*, *Calife Ommiade* ; Le *Barmécide Jahia* fut Gouverneur du *Calife Haroun*, & ses Enfans en furent long-tems les *Visirs*, avec la plus grande autorité. Voyez l'Histoire de leur disgrace sous ce même *Calife*, dans le *Nighiariftan*, ou dans la *Bibliotheque Orientale*, au Titre *Fadhel*.

CHA-

CHAPITRE XVI.

MAhmoud , Maître de tant de Nations différentes , cherchoit de quelle maniere il devoit gouverner pour les rendre heureuses. Il résolut de les ramener insensiblement à l'uniformité de Loix & de Tributs; mais il sentit une difficulté bien plus grande à les ramener à l'uniformité du Culte. Il assembla un Conseil , où il voulut que le *Katib* qui l'avoit toûjours accompagné , assistât. L'Objet du Conseil fut proposé en ces termes:

Les Indiens *subjuguez ont la liberté de continuër dans leurs diverses Idolàtries :* Les Parsis *ont leurs Temples à côté de nos* Mosquées : *Les* Sunnites & *les* Alides **, font indistinctement confondus parmi mes Sujets* Musulmans ; *ces différences d'opinion font-elles plus dangereuses que ma* Tolérance *n'est utile ?* (1)

Mei-

---

* Voyez la 3. note de ce Chapitre.

(1) M. de *Fontenelle* dans l'Eloge du *Czar* imprimé, dit , parlant de ce Monarque : *Il a aussi une pleine liberté de conscience dans ses Etats. Article , dont le pour & le contre peut être soûtenu en général & par la Politique , & par la Religion.* On verra dans ce Chapitre , que *Mahmoud* étoit plûtôt inviolable dans sa Parole , que *tolérant.*

Meinendi parla ainſi.

,, Pendant quelque - tems les *Egyptiens* ne
,, ſouffroient chez eux d'autre Culte, que
,, celui d'*Iſis* ou d'*Oſiris*, ſouvent même
,, ils ont perſécuté ceux de leurs Citoyens
,, qu'ils ſoupçonnoient d'incrédulité, ou de
,, négliger leurs Ceremonies. Cela cauſoit la
,, fuite de quantité de Familles, qui portant
,, leurs Biens & leur Induſtrie ailleurs, af-
,, foibliſſoient d'autant leur Patrie.

,, Le hazard a bien ſervi les *Romains*.
,, Leur Religion admettoit toute ſorte de
,, Cultes, & même leur Politique tranſpor-
,, toit chez eux les Dieux des Nations vain-
,, cuës, pour les ajoûter aux leurs. Ces
,, Nations ne faiſoient pas une unité d'Etat
,, avec les *Romains*; qui, Légiſlateurs pour
,, eux ſeuls, n'étoient que des Conquérans
,, pour le reſte de la Terre. Ils n'avoient
,, d'autre ſoin après leur Victoire que d'aſ-
,, ſûrer les Contributions par des Fortereſſes
,, ou des Armées.

,, Nôtre *Prophête* nous ordonne de ſub-
,, juguer les Nations Infidelles qui nous atta-
,, quent; mais il défend de les contraindre
,, à ſa Loi, dont la vive lumiere les éclai-
,, rera un jour. Cependant ils rachetent
,, cette

,, cette liberté par des Tributs, dont les vrais
,, *Croyans* font. exempts. C'eft ainfi que les
,, Armes des *Califes* ont étendu leur Religion
,, avec leur Domination.

,, Les *Egyptiens* & les *Romains* étoient
,, dans des extrémitez oppofées, peut-
,, être dangereufes ; Sui l'exemple des *Ca-*
,, *lifes* &c.

   Giafar, dit *Mahmoud*, faites précéder vôtre
avis des différentes Politiques que vous avez re-
marqué là-deffus dans vos longs voyages.

,, Mon premier voyage, dit *Giafar*, a
,, été dans l'Ifle de *Serendip* (1) autre-
,, fois partagée en différens Royaumes, &
,, à préfent réünie en un feul ; mais cha-
,, que Royaume a confervé fa Religion,
,, & le Roi n'a point cherché à les rame-
,, ner à la fienne, foit qu'il n'ait pas eû af-
,, fez d'autorité, foit qu'il ait crû la chofe
,, indifférente.

,, Un de leurs Sénateurs, avec qui j'étois
,, lié d'une amitié particuliere, me difoit:
,, C'eft ici feulement, où les hommes joüif-
,, fent de la liberté de penfer & d'écrire ; &
,, la différence des fentimens fur le Culte
                      ,, n'y

---

   (2) L'Ifle de *Ceilam*. Il n'y a point de Notes fur
les autres Païs, parce qu'ils n'ont pas changé de
nom, & qu'ils font fort connus.

,, n'y caufe pas de diffention plus dangereu-
,, fe que la différence des fentimens fur des
,, Jongleurs.

,, De l'Ifle de *Serendip* j'allai dans le Royau-
,, me de *Chianci*, que je trouvai divifé en de
,, dangereufes Factions, fomentées par des
,, Mécontens, fous prétexte de Religion.
,, Des difputes vagues, & chimériques, peut-
,, être trop fouffertes, étoient tournées en
,, affaires d'Etat. Je ne puis, *Seigneur*, t'en
,, donner une plus jufte idée, qu'en les com-
,, parant à celles que termina fi fagement le
,, *Calife Mokavakel*. Il s'agiffoit de fçavoir,
,, fi l'*Alcoran* avoit été créé, ou s'il étoit
,, éternel. La difpute devenoit vive, mais
,, il la défendit fous peine de la vie, & per-
,, mit à chacun d'en penfer ce qu'il jugeroit
,, à propos.

,, Il n'étoit plus tems à *Chianfi*; les efprits
,, étoient trop aigris par des interéts per-
,, fonnels & ambitieux. Nous nous preffâmes
,, d'en partir pour éviter les horreurs d'une
,, Guerre Civile. En effet, j'appris à mon re-
,, tour que les deux Factions s'étoient fait une
,, cruelle Guerre, & qu'enfin les Vainqueurs
,, avoient exterminé les Vaincus avec la plus
,, grande Barbarie, fans que la Puiffance
,, Royale pût l'empêcher. Il en coûta à la
,, Nation la moitié de fes meilleurs Sujets.

L   ,, J'ar-

,, J'arrivai à l'Iſle de *Sumatra*. Je ne te
,, parle point ; *Seigneur* , ni de nôtre Navi-
,, gation ni des Mœurs ou du Gouverne-
,, ment de ces différens Païs ; je te raconte
,, ce que j'ai vû , & ce que j'ai entendu ſur
,, le Culte ; ton ſublime Génie en tirera les
,, conſéquences.

,, Le Roi de *Sumatra* ne ſouffre qu'un ſeul
,, Culte ; mais il n'oblige point ſes Sujets à
,, l'embraſſer. Il ſuffit qu'il n'y ait aucun ſi-
,, gne public d'un Culte différent , que tout
,, ſe réüniſſe dans l'exacte obſervation des
,, Loix Civiles. Par-là il a rendu ſon Royau-
,, me bien plus floriſſant que celui de l'Iſle
,, de *Java* ſa voiſine , où un Tribunal ſévere
,, fait les plus exactes perquiſitions des Er-
,, reurs de l'eſprit , pour les punir avec la
,, plus grande rigueur.

,, Le terme de ma Navigation étoit l'Iſ-
,, le de *Ternate*. La République avoit été
,, formée de Pirates raſſemblez par des éve-
,, nemens ſinguliers , dont je pourrai t'a-
,, muſer un jour. Vingt d'entr'eux furent
,, chargez de dreſſer des Loix. Ils com-
,, mençerent par la Religion , dont ces
,, Peuples avoient à peine quelques idées.
,, Enfin , ils ne convinrent de ne bâtir qu'un
,, ſeul Temple dans la Capitale. Là forme
,, de l'Autel étoit ronde , & ne repreſentoit
                              ,, qu'une

„ qu'une Figure pyramidale. Le Temple
„ étoit ouvert le jour & la nuit, & des Prê-
„ tres chantoient fans cesse : *Mortels , ado-*
„ *rez le Ciel , aimez vos Freres , fervez la Ré-*
„ *publique.*

„ Il étoit libre à chacun d'aller, ou de ne
„ point aller dans le Temple commun ;
„ mais il n'étoit pas permis d'édifier d'autre
„ Temple. Tous les premiers jours de la
„ Lune , fix Sénateurs y venoient, & aux
„ deux Equinoxes , c'étoit le Sénat en
„ Corps. Infenfiblement tout fe ramena
„ à la Priere des Prêtres ; c'eft qu'elle eft
„ le fondement de la Loi de nôtre grand
„ *Prophête.*

„ A mon retour je repaffai par l'Ifle de
„ *Serendip,* où je vis avec furprife des com-
„ mencemens de Troubles pour un Culte
„ nouveau.

„ Les *Egyptiens* croyoient , felon leur
„ ancienne Tradition , qu'à la Guerre des
„ *Titans ,* les Dieux s'étoient réfugiez en
„ *Egypte ,* où pour mieux fe cacher , ils
„ s'étoient transformez en toute forte d'A-
„ nimaux & de Plantes , fource de toutes
„ leurs folles Adorations. Un de leurs Prê-
„ tres, fur la foi de la Liberté de l'Ifle de
„ *Serendip ,* étoit venu pour y prêcher cet
„ Doctrine. Il leur propofoit un *Oignon*

L 2 „ *blanc*

,, *blanc* pour objet de leur Culte , les aſſû-
,, rant que *Jupiter* s'étoit transformé en
,, cette Plante , & qu'il prenoit plaiſir d'y
,, venir.

„ Pouvoit-on ſoupçonner des Peuples
,, auſſi éclairez que ceux de *Serendip* , de
,, donner dans une telle extravagance ; Ce-
,, pendant elle trouva ſes Partiſans , & le
,, Magiſtrat employoit ſon Autorité , pour
,, en arrêter le cours. Déja pluſieurs de ces
,, Fanatiques avoient été punis avec leurs
,, Chefs.

„ Je revis mon Ami le Sénateur qui gé-
,, miſſoit des malheurs , dont cette Nou-
,, veauté menaçoit ſa Patrie. Je pris part à
,, ſa peine ; mais je ne pûs m'empêcher
,, de lui demander , ſi les Loix de l'Etat
,, étoient changées , & ſi ſa Nation ne joûiſ-
,, ſoit plus de la liberté de penſer & d'écri-
,, re ſur le Culte. *Ah ! mon cher Ami*, me
,, répondit il ; *quel abus n'a-t-on point fait de*
,, *la Liberté , & à quel point de folie l'ima-*
,, *gination humaine n'eſt-elle pas parvenuë , de*
,, *propoſer un* Oignon *pour objet du* Culte !
,, Je lui répondis , que puiſqu'il n'y avoit
,, point de bornes à la Liberté , chacun pou-
,, voit choiſir & prêcher ſon Culte , & que
,, celui de l'Oignon n'étoit point nouveau ;
,, qu'il venoit de la Nation la plus ſçavante ,
,, de

,, de celle-même qui étoit la source de tou-
,, tes les Doctrines.

,, Enfin, après plusieurs discours, *Non*,
,, s'écria-t-il, *l'imagination des Hommes est trop*
,, *déréglée, pour devoir être abandonnée à elle-*
,, *même ; mais comment éviter les dangers de la*
,, *liberté, sans s'exposer à tous les malheurs de la*
,, *contrainte ? Quelle est la sagesse qui assignera*
,, *les bornes de l'une & de l'autre,*

,, Je crois, ajouta *Giafar*, qu'il seroit dif-
,, ficile & même dangereux de se prescrire
,, une Loi generale & inviolable sur les Cul-
,, tes : Les circonstances particulieres doi-
,, vent déterminer ta sagesse à les souffrir, ou
,, à les proscrire, selon qu'ils peuvent alté-
,, rer le ropos public ; mais je donne l'exclu-
,, sion au Tribunal de l'Isle de *Java*.

,, Si ce Tribunal, dit le *Katib*, avoit été
,, établi à *Chiansi*, la punition de quelques
,, Particuliers auroit épargné bien du sang à
,, la Nation. *Sultan*, comment peux-tu espe-
,, rer la tranquilité publique, lorsque tes Su-
,, jets seront divisez, sur l'objet qui les inté-
,, resse le plus. Quel frein pourra retenir le
,, zéle indiscret des *Imans*, des *Mages* & des
,, *Bramines*, dont les haines fanatiques ou
,, interessées ne prêcheront que la discorde.
,, Il n'est pas besoin d'exemples étrangers,
,, l'Histoire du *Califath* ne nous en fournit

,, que

,, que trop ; les *Somnites* & les *Schütes* (1),
,, ont été & font toûjours des occafions pro-
,, chaines de diffention's cruelles , & plus
,, leurs opinions font raprochées , plus leurs
,, cœurs font éloignez.

,, *Sultan* , dit *Amrou* , on ne doit pas dif-
,, fimuler des dangers dans la tolérance de
,, différens Cultes , qui fouvent n'attendent
,, tous qu'une occafion , pour s'exterminer
,, mutuellement ; mais tu n'as pas d'autre
,, parti à prendre pour conferver tes Sujets
,, *& tes Conquêtes* ; *cependant* , tu n'eſt peut-
,, être pas éloigné du Gouvernement de *Su-*
,, *matra* , car tes Peuples , qui feroient fi obf-
,, tinez à foûtenir le Culte que tu voudrois
,, leur ravir , l'abandonnent tous les jours,
,, frapez des clartez du *Mufulmanifme* que
,, leur *Sultan* profeffe.

Après un moment de filence , *Mahmoud*
dit : *Lorfqu'il eſt connu par une longue expérience*
que des Cultes établis ne caufent aucun défordre , il
eſt

(1) La Religion Mahométane eſt divifée en deux
fectes principales , les *Somnites* & les *Alides*. Les
premiers traitent les *Alides* de *Schütes* , c'eſt-à-dire,
méprifables. Le plus grand objet de divifion entre
ces deux Sectes , confiſte , de la part des *Alides* , à
ne reconnoître d'autre légitime Succeffeur de *Ma-*
homet , qu'*Ali* & fa Poſterité. Les *Turcs* font *Somni-*
tes : les *Perfans* , & les *Ubecs* , font *Alides*.

eſt de la ſageſſe de les tolérer , & peut-être de les
proteger ; mais les opinions nouvelles ſont toûjours
dangereuſes , parce qu'il n'eſt pas poſſible de prévoir
les effets qu'elles peuvent faire dans des imagina-
tions qui n'ont que trop de penchant au fanatiſme.
C'eſt ſur ces principes que je remplirai exactement
mes Conventions avec les Parſis & avec les Indiens. Je ſouffrirai également les Somnites & les
Alides (1) ; qui vivront en paix , & j'ignorerai
toûjours l'erreur du bon Citoyen ; mais celui-là ſera
un mauvais Citoyen , qui voudra prêcher une Doctrine nouvelle , ou troubler celles qui ſont établies ,
& je le punirai comme Perturbateur du repos public (2).

CHA-

(1) *Mahmoud* ne donne point aux *Alides* de nom
de mépris.

(2) Voyez la premiere Note de ce Chapitre.

CHAPITRE XVII.

Nadi.

LE bruit répandu d'une sédition dans le *Corassan*, fut confirmé par l'arrivée de douze Habitans de *Nichabour*; qui vinrent se jetter aux pieds de *Mahmoud*. ,, *Seigneur*, ,, lui dit le plus Ancien, nous implorons ,, ta Clemence pour une Ville fidelle qui a ,, eu le malheur de t'offencer, & qu'un ,, prompt repentir a remis dans l'obéïssance ,, la plus soumise. Ce n'est point par un ,, dessein formé qu'il y a eû une Sédition à ,, *Nichabour*, c'est une suite de l'impruden- ,, ce de *Tissa*. *Commencez*, dit *Mahmoud*, en l'interrompant, *à mériter la grace que vous demandez, par un récit fidelle de ce qui s'est passé.*

,, *Seigneur*, reprit le Député, il est de ,, ton interêt & de notre Justification, que ,, nous te fassions connoître *Nadi*, favorite ,, de *Tissa*, dont les conseils pernicieux ont
,, pré-

„ précipité ce Gouverneur dans son mal-
„ heur.

„ Cette Femme, jeune, belle, d'un esprit
„ séduisant, orné de talens, & de toutes les
„ connoissances superficielles, avoit pris sur
„ *Tissa* cet Empire, que la supériorité de
„ Génie donne si aisément sur un cœur pré-
„ venu. Elle étoit dévorée du desir de gou-
„ verner, & présomptueuse jusqu'à se croire
„ capable de gouverner tout l'Univers. Oc-
„ cupée sans cesse de ses artifices, avare &
„ comblée de richesses, elle trouvoit tous les
„ jours des routes nouvelles, pour parvenir
„ à ses desseins avides d'acquerir, souvent
„ même celle de paroître s'y opposer.

„ Follement superstitieuse sans Religion,
„ toûjours insolente, avec une vivacité
„ étourdie, mais réparée par une présence
„ d'esprit singuliere. Sans égards, & sans
„ foi, elle sacrifioit tout au plus léger capri-
„ ce, ou à son tempérament desordonné.

„ Elle voyoit à regret *Tissa* reçevoir tes
„ ordres; elle seule vouloit en donner. Puis-
„ sent ses noirs desseins être sans exécution !
„ *Sultan*, nous avons de sa main des Projets
„ d'appeller le *Kan* des *Tartares* dans le *Co-*
„ *rassan*, de lui en faciliter l'entrée, & d'en
„ partager la Souveraineté avec *Tissa*ᶜᶜ. Quoi !
dit *Mahmoud*, *Tissa a voulu se révolter contre*

M   *moi ?*

moi ? ,, Nous n'avons rien trouvé contre
,, *Tiffa* , reprit le *Coraffanien* , & *Nadi* étoit
,, bien capable de tramer à fon infçû cette
,, Confpiration horrible , & de ne l'a lui ré-
,, veler , que lorfque la facilité de l'exécu-
,, cution , ou la difficulté de s'y oppofer ,
,, auroient pû le déterminer. Voilà les preu-
,, ves de ce que nous difons. '' Le Député
préfenta à *Mahmoud* des Papiers , dont le
Sultan remit l'examen à *Giafar*.

,, *Nadi* , continua le Député , entretenoit
,, *Tiffa* dans une débauche continuelle , &
,, cependant difpofoit de tout. Elle avoit
,, obtenu un pouvoir d'exiger de groffes fom-
,, mes des Habitans , fous de vains prétextes ,
,, qui ouvroient la porte à toute forte de Dé-
,, lateurs , par le prix attaché à leur infamie.
,, Ces moyens ne lui fervirent qu'à remplir
,, les prifons d'Infortunez , qui préferoient
,, les fers à la ruine de leurs Familles. La
,, populace qui avoit vû d'abord avec plai-
,, fir élever une perfécution contre les Ri-
,, ches , en fentit bien-tôt le contre-coup ,
,, & fe trouva réduite dans la derniere mi-
,, fere , par la ceffation du travail & du Com-
,, merce. Elle murmura ; les amis des Perfé-
,, cutez attiferent ce feu naiffant. Enfin , *Tiffa*
,, au milieu d'une débauche envoya des Sat-
,, tellites pour enlever de fa Maifon , un
,, Riche

„ Riche Habitant, que le bon usage de ses
„ richesses avoit rendu cher à ses Compa-
„ triotes. Cela causa quelque émotion. *Tissa*
„ excité par *Nadi*, sortit à la tête de ses
„ Gardes, & animé de vin & de colere, il
„ fit faire main basse sur tout ce qui se pré-
„ senta. Le Peuple en devint furieux, & la
„ Sédition fut generale. *Tissa*, *Nadi*, & leurs
„ Ministres furent massacrez, & leurs Mai-
„ sons furent brûlées ; mais on respecta tes
„ Palais, & mille clameurs annoncérent la
„ fidélité du Peuple pour son Roi.

„ La tranquilité, qui suivit de près cette
„ émeûte, fut accompagnée de remords, &
„ de craintes. On apprit que *Giaseb* venoit,
„ Porteur de tes ordres ; Trois de nos Ci-
„ toyens ont été l'assûrer de l'obéïssance de
„ la Ville, & nous avons été envoyez pour
„ nous prosterner, & te demander grace,
„ en nous offrant nous-mêmes pour expier
„ le crime de nôtre Patrie ".

Députez, dit *Mahmoud*, *si le rapport de*
Giaseb, *est conforme à vos discours*, *& si les*
Habitans de Nichabour ont obéï avec soumission
au Decret dont je l'ai chargé, *esperez tout de*
l'affection que j'ai pour vous.

En effet, les Lettres de *Giaseb* s'étant trou-
vées conformes au recit des Députez, *Mah-*
moud leur accorda une Amnistie generale.

Cepen-

Cependant il fit de grandes reflexions fur l'Autorité immoderée des Gouverneurs de fes Provinces, & fur la facilité d'en abufer: il réfolut de la borner au Commandement Militaire. Il établit des Tribunaux pour juger les Particuliers, & des Treforiers pour la levée des Tributs, & pour le payement des Milices. Ces trois Autoritez indépendantes entr'elles, & dont les fonctions étoient exactement preferites, fe balançoient réciproquement. Aucune n'étoit affez forte pour s'ériger en tyrannie, aucune ne pouvoit anéantir les deux autres.

CHA-

CHAPITRE XVIII.

Le Spectacle Persan.

LE *Serrail* des Rois de l'*Orient* les suit toûjours, & *Haramnour* & *Statira* arriverent à *Bethesim* peu de tems après *Mahmoud*. Elles sçavoient son Mariage avec *Radiatil*, qui les reçût dans son Palais, non pas comme des Rivales (à peine ces *Sultanes* connoissoient-elles ce nom) mais comme de tendres Amies réünies par le même intérêt.

Après que des Fêtes publiques eurent celebré l'heureuse arrivée des *Sultanes*, *Mahmoud* ordonna à *Solabi* de préparer le Spectacle. Le Lieu & le Théâtre étoient magnifiquement ornez, & il y avoit des Places marquées pour les principales Dames de *Bethesim* & pour la Cour de *Mahmoud* : Ses Ministres étoient aussi de ses plaisirs.

Cent Instrumens de Musique commencérent
rent

rent par le *Perdeh-Esphahan* ; (1) Il fut suivi d'un air *Kovarems* (2) dont les Princesses furent surprises. Il y a, dit *Statira*, dans cette Musique Etrangere quelque chose de Barbare qui ne déplaît point. *Sultane*, dit *Giafar*, *c'est un mélange d'accords variez qui passent legerement, pour suivre un dessein, & nous ramener plus agréablement à la douceur de nos accords.* (3) *Il me semble*, dit *Mahmoud*, *qu'ils en abusent quelquefois.* *Seigneur*, dit *Solabi*, *qu'on avoit fait aprocher, une Persane & une Kovarems chanteront chacune dans leur langage, un air de leur Nation que tu pourras comparer ; mais voilà le premier Acte qui commence.*

La *Danseuse Ternon* chanta ces Paroles de *Ferdoussi*.

„ La rose ne fait les délices du Printems
„ & l'Ornement des Jardins, que lorsque le
„ Soleil la fait éclore; Et nos cœurs ne goû-
„ tent de vrais plaisirs, que lorsque l'Amour
„ en a fait éclore des desirs pour la beauté.

Le

(1) L'Air d'*Ispahan* est renommé dans la *Perse* comme l'Ouverture d'*Isis* en *France*.

(2) Les *Kovarems* naissent avec une si grande disposition pour la Musique, que les enfans pleurent en *Frédonat*.

(3) Les *Persans* n'ont d'autres accords que la quinte ou l'*octave*.

„ Le cœur, qui n'aime point, eft comme
„ l'œil dans les Ténébres, ou comme l'E-
„ toile du Nord couverte de Nuages. Si la
„ Jeuneffe fe fait aimer, la Vieilleffe doit
„ toûjours jouïr du plaifir d'aimer.

Douze Danfeufes, dont fix repréfentoient
les Amans & fix les Amantes, danférent une
Danfe figurée qui les faifoit paroître fe chercher mutuellement. Après la danfe, une
Perfane chanta la *Maridah*.

„ Lorfque le *Calife* prend ma main pour
„ me conduire dans un lieu, d'où je dois
„ aller au bain, la pudeur donne à mes jouës,
„ une couleur femblable à celle des rofes.

Le *Calife* Haroun, dit *Mahmoud*, aux *Sultanes*, *avoit engagé le Poëte* Dohak, *à faire fur
un Bouquet de Rofes de la belle* Maridah, *un
Diftiche qui exprimât la qualité de ces rofes par
une comparaifon.* Maridah *trouva le Diftiche du
Poëte trop foible*, & *fit celui qu'on vient de chan-
ter* (1).

*On chante à prefent les fameufes chanfons
du raccommodement* d'Haroun, (2) *avec*
Ma-

---

(1) *Dohak* avoit comparé la couleur des Rofes aux
jouës d'une Fille qui voit paroître fon Amant.

(2) *Le Calife Haroun* étoit brouillé avec *Maridah*
qu'il aimoit éperdument; ce qui le rendit fort trifte.
Son favori *Giafar-Barmechi* en pénétra la caufe, &
fit

Maridah , *que ces Danseuses representent si bien.*

L'esperance des Amans , dit *Solabi ,* est le *Sujet du second Acte.* Une *Danseuse* récita avec de fortes inflexions de voix qui faisoient douter , si elle chantoit , (1) ou si elle déclamoit ces vers d'*Abou-navas.*

,, Le laboureur qui ouvre la terre , avec
,, le soc de la Charuë , soûtient son travail
,, agréablement , parce qu'il a l'esperance
,, d'une abondante Moisson , & les Amans
,, sont toûjours heureux , lorsqu'ils ont l'es-
,, perance de recueillir la douce moisson
,, de l'Amour. O Esperance ! O Esperance!
,, Ah ! que deviendroient les Hommes sans
,, la divine yvresse !

,, Dans ces deux premiers Actes , ajouta
,, *Solabi* , les Vers annoncent le Sujet , par-
,, ce que les expressions des *Danseuses* sont
,, trop generales pour le faire connoître ;
,, mais dans celui de la Jalousie , qui est le
,, troi-

sit faire au Poëte *Dohak* des Vers que *Moussali* mit en Musique & qu'il chanta. Le *Calife* fut si touché de la tendresse des Vers & de la douceur de la Voix du *Musicien* , qu'il alla trouver *Maridah* , & se raccommoda avec elle. *Maridah* à qui le *Calife* raconta ce qui s'étoit passé , fit donner dix mille *Drachmes* au Poëte & autant au Musicien. Les libéralitez d'*Haroun* ne furent pas moindres.

(1) C'est le caractére du récitatif.

,, troifiéme , vous le connoîtrez aifément à
,, la *Danfe* de *Ditoman* la plus parfaite des
,, nôtres ''. *Danfe-t-elle mieux ,* dit *Haram-*
nour , que ces deux Danfeufes *, dont l'une ex-*
prime fi bien l'empreffement & l'autre l'incertitu-
de de le rebuter ou de s'y rendre ? ,, *Ditoman ,*
,, reprit *Solabi ,* réünit les Talens des deux.
,, Elle a la vive legereté d'*Eptami ,* & les
,, graces de *Sieto.* Vous n'ignorez pas, *Prin-*
,, ceffes , continua *Solabi ,* que le nom des
,, *Danfeufes* marque le prix de leur Danfe ''.
(1) *La fingularité de leurs noms ,* dit *Statira ,*
me l'a fait foupçonner.

Dix *Danfeurs* Danfoient l'*Aurenki* que deux
chantoient en Dialogue.

,, C'eft l'Amour qui en ouvrant les levres
,, & la bouche de *Schirin ,* a ravi le cœur &
,, emporté l'efprit de *Kofrou.*

,, Pourquoi , brillant *Kofrou ,* voulez-vous
,, m'engager &c. (2)

L'Au-

(1) Pour faire fentir cette coûtume *Perfane ,* le
Traducteur a appellé la premiere des Danfeufes *Di-*
toman. Un *Toman* vaut un Marc & demi d'argent,
c'eft-à-dire 75. livres de nôtre Monnoye ; *Eptami*
veut dire fept ; *Sieto ,* fix ; *Otta ,* huit. Le Traducteur
n'a point ajouté *Toman* pour éviter une répétition dé-
fagréable. Voyez *Chardin* fur les *Danfeufes.*
(2) Les *Romans Orientaux* ont rendu quelques
Amours

N

L'Aurenki, *ou l'air du Trône, que vous trou-*
vez si beau, dit *Giafar, est le Chef-d'œuvre du*
fameux Barbud, *Maître de Musique de* Kosrou-
Parvis, Roi de Perse. *On appella de ce nom*,
les plus excellens Musiciens, & Fakri en parlant
d'une Fête magnifique, dit, *que la Déesse des*
Amours & des Graces, (1) *y tenoit lieu de* Barbud, *ou de Maître de Musique.*

Un Air *Kovarems* extrémement vif an-
nonça la Jaloufie. *Ditoman* danfa avec les
Attitudes de ces Femmes que le vin rend
comme furieufes. L'Air changea en mouvemens lents. Alors le vifage de *Ditoman*
parut dans une langueur paffionnée qui dura
peu, car deux *Danfeufes* en Amant & Amante, étant entrées fur la Scéne, en fe regardant tendrément, la fureur reprit *Ditoman*,
dont la *Danfe* croifoit toûjours celle des deux
Amans, qui cherchoient à fe réünir; en forte que la vivacité de la Mufique exprimoit
également la jaloufie *Ditoman* & le vif empreffement des deux Amans.

Otta,

Amours fameufes, comme celle de *Zoleïkah*, *Ma-*
gnon & *Leïlath*, *Kofrou* & *Schirin*. L'Auteur n'a
point mis tout le Dialogue, peut-être parce qu'il
étoit trop commun dans ce tems-là. On croit que
Schirin eft *Iréne* Fille de l'Empereur *Maurice*.

(1) *Zohara*, c'eft le nom de *Vénus* chez les Orientaux, qui lui donnent la Lire que les Grecs donnent
à *Apollon.*

Otta, en Amant jaloux, se joignit à la Danse, & l'on crût voir que *Ditoman* & elle vou-
loient se vanger des deux Amans en se réü-
nissant ; mais un moment après , elles se sé-
paroient pour les suivre. Les Amans s'é-
chapérent & la *Danse* finit par les fureurs de
Ditoman & d'*Otta*. Une *Kovarems* chanta :

,, La tempête , excitée par le vent du Mi-
,, di , trouble le repos du Ciel & de la Terre,
,, & le calme succede à cette agitation , mais
,, le Jaloux ne connoît point le calme , &
,, une tempête succéde dans son cœur à une
,, tempête. Il veut troubler les Amans heu-
,, reux , il se fait une peine de leur bon-
,, heur , & l'Amour l'en punit sans pitié.

Farabi, dit *Giafar*, *est l'Auteur des paroles &*
de l'air. Il le chanta sans être connu en presence
du Visir Ebn-Ebad , (1) *après des airs de dou-*
ceur, & il fit ressentir successivement à ceux qui
l'écoutoient , toutes les passions en changeant d'air
& de mode. Farabi (2) *est venu & les chagrins*
se sont dissipez. Ces paroles qu'il écrivit sur un
Théorbe avant de partir , le firent connoître à
Ebn-

(1) C'est cet *Ebn-Ebad* Visir de *Fakredulat* , dont
il est parlé dans les 4. & 5. Chapitres.

(2) *Farabi* fameux Musicien & encore plus grand
Philosophe. Il avoit été le Maître d'*Avicene* , autre-
ment *Aben-Sina* Visir du Roi de *Perse* dans le tems
même de ce Spectacle.

N 2

Ebn-Ebad , *qui eût du regret d'avoir perdu cet-*
te occasion de le retenir auprès du Roy de Perse.
„ Les Vers , dit *Amrou* , & l'Action de *Fa-*
„ *rabi* , en les chantant , contribuoient au-
„ tant que fa Mufique à exciter ces diffé-
„ rentes paffions. La Mufique & la Dan-
„ fe ne font que des effets de la joye , & ja-
„ mais la trifteffe n'a infpiré ni l'une ni l'au-
„ tre. Elles n'expriment d'elles-mêmes que
„ la lenteur ou la viteffe ; ce font les Atti-
„ tudes & le vifage de l'Acteur qui déter-
„ minent , quelle eft fa paffion & fon Ca-
„ ractére. Vous venez d'entendre le mê-
„ me air fervir également à la Jaloufie de
„ *Dimotan* & à la Vivacité de deux Amans
„ qui fe cherchent. Souvent , dit *Meimen-*
„ *di* , nous fommes féduits au point d'attri-
„ buer à la variété des tons & du mouve-
„ ment , ce qui n'eft que l'effet des paroles
„ & du jeu de l'Acteur. Ainfi , repliqua *Sta-*
„ *tira* , on croit que l'air eft gai , lorfque
„ les paroles & l'Acteur le font. Ajoutez ,
„ dit *Giafar* , que les mouvemens lents ou
„ vifs expriment vaguement & de conven-
„ tion les paffions dont les effets font lents ou
„ vifs , telles que la trifteffe ou la joye (1). **.
„ *Ebn-*

(1) Le Traducteur a beaucoup retranché de ce Difcours fur la Mufique, ou l'Auteur faifoit un parallele
de la Mufique *Perfane* avec celle du *Kovarems.*

„ *Ebn-Ebad*, dit *Giafar*, portoit toûjours
„ avec lui les *Agani*, ou le grand Recueil
„ des Chanſons Arabiques d'*Albouſarage*,
„ dont un Exemplaire ſe vendoit à *Iſpahan*
„ quatre mille Drachmes d'argent, & il pré-
„ feroit ce chant à celui des grands ſpecta-
„ cles *Perſans*.

Les chœurs chantoient les fureurs de la
Jalouſie, pendant qu'une nouvelle *Danſe* de
deux *Jaloux* avec une *Danſeuſe*, & de deux
Jalouſes avec un *Amant* termina cet Acte.

Voici dit *Solabi*, l'*Acte* de l'*Inconſtance*.
Ecoutez le *Chœur* qui chante les *Vœux* des
Géomylers, (1) ces *Religieux* ſi cheris du Pro-
phête.

„ Le Printems qui ſuccède à l'Hiver eſt
„ ſuivi de l'Eté que l'Automne chaſſe ; Et
„ le Soleil ne court que pour changer de
„ Maiſon. Cette varieté continuelle, dont
„ la Nature ſe divertit, eſt l'exemple qu'elle
„ nous donne à ſuivre. Le tribut d'un cœur
„ inconſtant doit être plus agréable à l'A-
„ mour que celui d'un cœur fidelle, c'eſt un
„ hommage rendu avec plus d'ardeur à la
„ beauté &c.   Ce-

---

(1) Les *Géomylers*, Religieux *Mahométans*, dont
les Vœux ſont de dépenſer leurs biens à chercher de
bonnes fortunes. Dans un *Roman* intitulé, le *Géomyler*,
il y a le Portrait d'un *Géomyler* qui mérite d'être lû.

Cependant *Eptami* & *Sieto* danſoient les bras ètre-laſſez. L'Amant *Eptami* (1) ſe détacha inſenſiblement , pour fuïr l'Amante *Sieto* qui le ſuivoit ſans pouvoir l'arrêter.

Ditoman & *Otta*, au milieu de vingt-quatre *Danſeuſes*, finirent le Spectacle par des *Danſes* qui exprimoient ſucceſſivement toutes les paſſions , pendant que le *Chœur* chantoit ces mêmes paſſions. Les applaudiſſemens qui avoient accompagné toutes ces Fêtes, redoublérent, & les *Danſeuſes* ſe retirérent également ſatisfaites des loüanges & des libéralitez qu'elles reçûrent. *Mahmoud* pria les *Sultanes* de choiſir les *Danſeuſes* Royales & chargea *Meimendi* de veiller ſur ce Spectacle.

(1) Les Hommes ne danſent point dans la *Perſe*, & ce ſont les *Danſeuſes* mêmes qui en prennent les habits & les repreſentent dans leurs Spectacles.

CHAPITRE XIX.

L'Uniformité.

LE séjour de *Mahmoud* à *Bethesim* ne lui étoit pas infructueux. Il s'instruisoit des loix, des usages & du génie de ses nouveaux Sujets, pour exécuter son grand dessein de l'Uniformité de Loix & de Tributs, & plus il le méditoit, plus il le trouvoit rempli de difficultez.

J'entreprens, disoit-il, à ses Ministres, de déraciner des abus invéterez, & d'effacer de vieilles idées profondément gravées chez des Peuples. Je dois craindre de ne travailler au bonheur incertain des Enfans qu'aux dépens de la tranquilité actuelle des Peres ; mais enfin, comment pourrai-je gouverner sagement avec tant de loix différentes ou contraires ? Comment pourrai-je procurer l'abondance avec tant de sortes de Tributs, dont l'arbitraire ou l'embarras empêchent toûjours l'Industrie ?

» Sei-

„ *Seigneur* , dit *Meimendi*, tu n'iras à la ré-
„ forme que par une fageffe lente , continuë
„ & variée felon les évenemens. Ce ne feront
„ point les Loix des *Gafnevides* ou de quel-
„ qu'autre Province particuliere que tu don-
„ neras à tes Sujets. Ce feront les Loix les
„ plus utiles , que tu prendras , même s'il
„ eſt néceffaire , chez les Etrangers. Ces loix,
„ dit *Amrou* , ne viendront qu'infenfible-
„ ment , & fouvent appellées par des occa-
„ fions éclatantes, qui en feront connoître
„ l'utilité ; & c'eſt cette utilité aifée à aper-
„ cevoir , qui doit déterminer les premiers
„ changemens.

Mon Peuple , reprit *Mahmoud*, *connoîtra toû-*
jours que je confonds mon avantage avec le fien.

„ Il eſt important, dit *Giafar* , de ne point
„ choifir les Loix fur la feule fpéculation ;
„ c'eſt l'expérience qui doit en faire con-
„ noître l'utilité. Rien ne paroît plus pru-
„ dent de l'Election des Rois chez les *Sci-*
„ *thes*. Le Trône n'eſt point héréditaire,
„ dit la Loi. Le Peuple choifira le plus
„ fage , pour fucceder & pour le gouver-
„ ner. Cependant l'expérience nous a ap-
„ pris que les hazards d'un mauvais Roi hé-
„ reditaire , ou d'un Roi Mineur font moin
„ dangereux , que les troubles inféparable
„ d'une Election.

„ Le

,, Les Loïx Civiles du Païs de *Roum*, (1)
,, dit *Meimendi*, font remplies de cette fagef-
,, fe de fpéculation pernicieufe dans l'ufa-
,, ge, toutes les précautions accordées pour
,, éclaircir la vérité, deviennent une fource
,, inépuifable de moyens qui la déguifent,
,, ou l'anéantiffent fous des formalitez odieu-
,, fes, & les inconvéniens d'une prompte
,, décifion font préférables.

C'eft. dans des Confeils particuliers, dit
*Mahmoud, où chacun de vous fera le Chef, que
les Loïx feront examinées ; pour être rapportées
au Confeil.*

Le Confeil de Meimendi *propofera les Loïx de
la Juftice ; & de la Police. Celui d'*Altuntah
les Loïx Militaires, *dont* la difcipline *doit
être d'autant plus févére, que deformais la paye
d'un Soldat fera égale au profit d'un Laboureur.
Le Confeil d'*Amrou *fera pour les Loïx de la Finance & du Commerce ; Et celui de* Giafar re-
cueillera, *avec ce qui concerne le Droit des Nations Etrangéres, les Loïx dont nous pouvons faire
ufage.*

*Vous ne pouvez pas penfer tout : ne rebutez
point ceux qui penfent. Il y a fouvent à profiter*
                                    dans

_____

(1) Les *Orientaux* appellent l'*Afie Mineure* le
Païs de *Roum*, parce qu'elle étoit autrefois dépen-
dante de l'Empire *Romain*.

O

dans les Projets les plus chimériques ; mais pour ne
pas perdre un tems qui doit vous être précieux ,
qu'un homme de confiance vous rende compte de
ce qui méritera vôtre attention ; qu'une baſſe jalouſie ne vous faſſe jamais rejetter ce que d'autres
ont propoſé. Diſcerner le bon , & l'exécuter, c'eſt
bien plus que de l'avoir imaginé.

Il eſt , continua Mahmoud , des objets preſ-
ſans & importans qui n'ont pas beſoin d'un nou-
vel examen pour être exécutez. Amrou , vous
aurez un dénombrement fidelle de tous mes Sujets , diviſé par Provinces , & un Etat exact
des produits de la Terre , afin que tranſportant
d'une Province ce qui manque à l'autre, l'Artiſan ſe nourriſſe aiſément du ſalaire de ſon travail,
le Laboureur du prix de ſa récolte , & que l'un
& l'autre payent ſans peine les Tributs néceſſai-
res à la ſûreté pub'ique.

Détruiſons auſſi l'indigne oiſiveté, preſque tournée en habitude chez les Indiens. Le zéle du particulier qui donne l'aumône eſt loüable , mais le
zéle du Roi doit donner à travailler. Meimendi , vos ordres rigoureux pourſuivront les Vaga-
bonds , & ce ſera un crime de demander à vivre
ſans travailler , parce que c'eſt un vol continuel
fait à toute la Nation.

Vous , Amrou , vous les recevrez dans les
Travaux publics des Chemins & des Canaux ,
préparez pour la facilité du Commerce. Vous les
traitte-

traitterez avec douceur , & s'ils y sont volon-
tairement , il leur sera permis de se retirer , lors
qu'ils auront d'autres occupations.

Que les Maisons destinées aux Vieillards &
aux Invalides , soient abondamment pour vûës aux
dépens de mon Tresor. Je vais, ajoûta Mahmoud,
visiter mes Frontieres jusqu'à Deli; Fasse le Ciel,
qu'elles soient encore mieux défenduës par la Paix ,
que par les Forteresses que je bâtirai. Vous m'ac-
compagnerez ; parce que j'ai toûjours besoin de
vos Conseils. Donnez les ordres nécessaires pour
le voyage , & que la marche de mes Armées devienne une source de richesses dans le Païs , où la
trop grande quantité des denrées en avilit le prix.

CHAPITRE XX.

La Reine de Redon (1).

PEndant la marche de l'Armée, *Mahmoud* vit avec plaisir la beauté des Chemins, projettez sur le modéle des fameux Chemins de *Lahor* (2). *Les Peuples*, lui dit un Courtisan, *se sont empressez à réparer tous les lieux où le* Sultan *doit passer. Ce qu'ils ont fait pour moi*, répondit *Mahmoud*, *ils le feront desormais par tout pour leur propre utilité & pour la commodité publique*, Amrou *en a déja donné les ordres*.

Un jour destiné au repos dans les plaines d'*Agra*, un Officier vint dire à *Mahmoud*, que

(1) Le Royaume de *Redoc ou Rudoc*, au Midi du grand *Tibel* 35. degrez de latitude, 105. de longitude.

(2) *Lahor* ou *Lahauvar*, dans la Province de *Pengiad* 31. deg. L. 100. Long. Il y a un fameux Chemin de 250. lieuës Françoises bordé d'arbres plantez au cordeau.

que la *Reine de Rédoc*, accompagnée de cent
Gardes, étoit près du Camp, & qu'elle demandoit à lui parler. *Mahmoud* envoya de
ses principaux Officiers au devant d'elle, a-
vec ordre de lui faire les plus grands honneurs. Il s'avança lui-même hors de sa Tente, où il l'a conduisit, & où elle fut reçue
par les *Sultanes* avec tous les égards dûs à
son rang. A peine y fut-elle arrivée, qu'elle
parla en ces termes :

,, Le bruit de tes Conquêtes m'a fait venir
,, à Toi, pour sçavoir, si tu veux attaquer
,, mes Etats. Ne crois pas qu'il te soit aussi
,, facile de les conquérir, qu'il l'est de te ren-
,, dre Maître de ma liberté, mais quand mes
,, Sujets succomberoient sous Ta vaste Puis-
,, sance, quel fruit esperes-Tu de la Victoire?
,, As-tu à leur proposer des Loix plus sages
,, que celle que tu veux détruire?

,, Comment pourras-Tu défendre ta vie
,, contre chacun de mes Sujets. Ce sont
,, autant d'ennemis, qui par le plus grand
,, des Sermens, par ce Serment qui les li-
,, vreroit à *Herman*, s'ils l'avoient violé, se
,, sont engagez à venger leur Patrie, & à
,, rendre par ta perte, la paix & la liberté
,, à l'*Asie.*

,, Ma Mere m'a cédé le Trône que j'oc-
,, cupe, après m'avoir donné les leçons
,, qu'elle

,, qu'elle avoit reçûës de la sienne. C'est par
,, le Conseil des plus sages que je gouverne ;
,, c'est par leur Conseil que je suis ici. Par-
,, le, agis, & ne crois pas me faire repen-
,, tir de m'être dévoüée pour le salut de mon
,, Peuple.

Mahmoud , les *Sultanes* & tous les Spectateurs , furent touchez du Discours & de
la Majesté de cette Reine. *Non , Reine* , dit
Mahmoud , je ne vais point troubler vos E-
tats ; des évenemens que je ne pouvois pas pré-
venir , m'ont engagé dans des Guerres continuel-
les : Et si la Renommée , en publiant ces Guer-
res , en avoit publié les motifs , je serois déja justi-
fié de l'Ambition dont vous m'accusez. Mais ,
nôtre Alliance inviolable , & vôtre heureux re-
tour apprendront à vos Sujets , que je ne suis
point un Conquérant injuste. Alors , lui répondit la Reine , *je publierai tes loüanges. Nous*
honorons la valeur qui sert à défendre l'innocence
& la vertu.

Devois-je , dit *Mahmoud* , *ne pas faire des*
Conquêtes sur des Ennemis qui avoient attaqué mes
Etats , & ne meritent-ils pas d'être réduits dans
l'Esclavage , dont ils menaçoient mes Sujets , afin
que leur exemple contienne les Ambitieux ? Il est
bien dangereux , Repliqua la Reine , *de pousser*
l'exemple trop loin , & de le faire servir de pré-
texte à des usurpations.

Je

Je suis prêt, répondit *Mahmoud*, *à rendre les Provinces, dont vous ne me croirez pas légitime possesseur, & la liberté à tous les Esclaves, dont vous croirez les chaînes injustes.* Si la *Justice*, dit la Reine, *a réglé vos autres Vertus, vous êtes le plus grand des Héros.*

Mahmoud pria la Reine de se reposer avec les *Sultanes*, qui lui apprirent dans la suite, comment *Mahmoud* n'avoit combattu que pour repousser d'injustes attaques. Elles la priérent, de concert avec lui de leur apprendre à son tour, s'il n'y avoit point de Roi à *Redoc*, & de quelle maniere elle gouvernoit ses Peuples.

CHA-

CHAPITRE XXI.

Le Redot.

,, JE régne fur un Peuple libre, dont les
,,   Loix ont été inviolablement confer-
,, vées, par la fermeté du Sénat, qui en eft le
,, Sacré Dépofitaire. Il eft défendu à la Reine
,, de fe marier, dans la crainte que fon Epoux
,, ne devint trop puiffant; & cette prévoyan-
,, ce va jufqu'à exiger que fon Favori foit
,, toûjours ignoré. S'il étoit connu, on l'o-
,, bligeroit de quitter le Royaume, & les
,, Reines ne fçavent jamais à qui elles doi-
,, vent la Naiffance. Les Filles fuccédent,
,, & les Fils ne peuvent parvenir qu'au rang
,, fuprême de Sénateurs. C'eft ainfi que les
,, Peuples font affûrez d'obéïr au Sang de leur
,, Légiflatrice.
,, Cette prudente Légiflatrice dit dans
,, fa Loi fur le Mariage, qu'elle a été long-
,, tems incertaine, fi elle le défendroit, ou
,, fi elle l'ordonneroit indifpenfablement,
,, & qu'enfin elle avoit crû devoir le tolé-
                                    ,, rer,

„ter, en faveur des jeunes Amans qui se fla-
„tent de ne cesser jamais de s'aimer. Ce n'est
„qu'après vingt années de Mariage, que le Di-
„vorce est défendu. A peine se sert-on de la
„tolérance du Mariage. Voici de quelle ma-
„niére ils ne se marient point.

„ Les uns achetent des Filles, dont la ser-
„vitude volonta... est toûjours limitée, soit
„pour le tems, soit pour les droits, car tout
„favorise la liberté.

„ D'autres vivent avec des Filles que l'âge
„de vingt ans a renduës indépendantes, & ce
„commerce libre est ordinairement plus dura-
„ble qu'un Mariage qui est aisément dissous
„par la Formalité du Divorce; mais dans tou-
„tes les Conditions ne pas donner des Ci-
„toyens à l'Etat, est une exclusion à tous les
„honneurs.

„ Il y a un Livre public, où le Pére peut
„déclarer ses Enfans jusqu'à l'âge de trois ans.
„Après ce terme ils appartiennent à la Mére,
„ou ils sont acquis à la République, dont ils
„deviennent les Enfans, & dont les soins pour
„leur éducation sont semblables à ceux d'un
„Pére tendre & prudent. Les Mâles sont des-
„tinez à la Milice & parviennent souvent aux
„premiers Emplois. Les Filles sont au servi-
„ce des Manufactures, où elles ont reçû l'é-
„ducation.

P.   „ Cent

,, Cent Sénateurs perpétuels & deux cens an-
,, nuels , choisis par la Nation , ont soin des
,, affaires ; chasser l'Ennemi des Frontières , dé-
,, fricher de nouvelles terres , se distinguer dans
,, le Commerce, dans la décision des contesta-
,, tions ; ce sont là les degrez , pour parvenir au
,, noble travail du Gouvernement.

,, Tout se fait au nom ⬛⬛⬛⬛ eine , & la Rei-
,, ne ne fait rien sans le ⬛⬛⬛⬛il du Sénat , où
,, elle choisit quatre Ministres pour travailler
,, avec-elle. Nous avons peu de Loix : elles sont
,, simples & faciles à entendre. Des Arbitres
,, choisis par chacun des Interessez , terminent
,, irrévocablement les contestations , & l'igno-
,, minie est toûjours attachée à une demande
,, injuste.

,, C'est la Loi qui a disposé d'avance des
,, biens de ceux qui meurent , dont les volon-
,, tez foibles & chancellantes deviendroient une
,, source d'obscurité & d'injustice.

,, Il y a des especes d'Espions choisis avec
,, soin , pour découvrir les Citoyens utiles. Le
,, Crime dénonce les Scélerats ; Et comme il
,, n'est pas permis de changer de demeure sans
,, avoir averti le Chef des Habitations , il est
,, presqu'impossible aux Coupables de se ca-
,, cher , & ils sont punis avec la sévérité la plus
,, exemplaire.

Est-ce vous , Reine , dit Radiatil , qui com-
mandez

mandez les Armées ? Ce seroit moi sans doute, répondit la Reine, si l'Etat étoit dans quelque peril, & l'on m'apprend la Guerre comme les autres parties du Gouvernement. Nous avons la quantité de Troupes nécessaires pour garantir les Frontieres, & nos Voisins, persuadez que nous ne voulons pas les attaquer, joüissent avec nous d'une Paix rarement troublée.

De quelle maniére, dit Mahmoud, retirez-vous des Peuples de quoi entretenir les Armées, & payer les autres dépenses ? ,, C'est ce qu'il ,, y a de plus facile, répondit la Reine ; Les ,, Mines de sel & les Moulins appartiennent à ,, l'Etat. Ils fournissent abondamment à tout, ,, & presque sans frais. On en augmente le ,, Tribut selon les besoins, & dans une occa-,, sion imprévûë, le Peuple s'empresseroit de ,, prêter tout ce que l'Etat demanderoit ". Et ne craindroit-il pas, dit Haramnour, que ce ne fût une occasion de le dépouiller ? ,, Ah ! Prin-,, cesse, répondit la Reine, avec précipitation, ,, qu'osez-vous dire ? Cette crainte n'est pas ,, possible. Je sçais, répliqua Haramnour, que des Rois Tartares, l'ont fait par le Conseil de leurs Visirs, & qu'il en étoit arrivé de grands malheurs. Mais, Reine, achevez de nous ins-truire du bonheur de vos Peuples.

CHA-

CHAPITRE XXII.

Les Coquilles.

„ LE Royaume de *Redoc*, réprit la *Reine*,
„ a environ dix journées d'étenduë en
„ tout sens. La Ville Capitale, qui a donné le
„ nom à tout le Pays, est un peu plus gran-
„ de & beaucoup plus Peuplée que *Lahor*. Le
„ Pays est bien cultivé, & ce que le Terroir
„ nous refuse, nous est abondamment fourni
„ par le Commerce. Ce Commerce est facili-
„ té par la Riviere de *Singa*, (1) qui aprés
„ avoir traversé la Capitale, & presque tout le
„ Royaume, se jette dans la Riviére de *Ben-*
„ *gale*. C'est par cette Riviére que les Na-
„ tions viennent chercher la *Poudre jaune* (2)
„ qu'elle charrie. Elles nous portent des *Co-*
„ *quilles* des Isles voisines (3) de *Serendip*,
„   „ (1)

(1) Cette Riviére est inconnuë.
(2) L'Or.
(3) Les *Maldives*.

„ (1) dont nous nous servons pour *Kal* (2).
„ Elles font le même usage, quoi qu'à plus
„ grands frais, de la *Poudre jaune.*

„ Il y a environ six ans, & quoique je n'en
„ eusse que quatorze, la Reine ma Mere, me
„ faisoit assister au Conseil, & je n'oublirai pas
„ ce grand évenement. Il y a donc, environ
„ six ans, que *Saugar* un de ses Ministres, dit
„ dans le Sénat. *Les Coquilles qui nous ser-*
„ *vent de Kal ne sont pas dans la quantité né-*
„ *cessaire pour les Echanges, & leur transport*
„ *est incommode. D'ailleurs nous sommes obligez*
„ *de les acheter des Etrangers, & de leur donner*
„ la Poudre jaune. *Je sçai bien que cette Pou-*
„ *dre ne peut être d'elle-même que d'un très-pe-*
„ *tit usage; mais par le cas qu'ils en font, elle*
„ *nous procureroit ce qu'ils ont de plus précieux*
„ *& nous choisirions pour Kal ce que nous trou-*
„ *verions de plus commode chez nous-mêmes.*

„ Ce discours étonna les Sénateurs, qui, en-
„ trainez par l'opinion vulgaire, n'avoient mê-
„ me

(1) On sçait que les Hollandois & les autres Na-
tions commerçantes vont chercher aux *Maldives* des
Coquilles ou *Coris* qu'ils vendent sur les côtes Occi-
dentales d'*Afrique*, où elles servent de Monnoye.
Il n'y a point de Relation qui aprenne que ce même
Commerce se faisoit autres-fois dans le *Redoc.*

(2) *Kal*, veut dire Monnoye dans la signification
la plus étendue.

,, me pas soupçonné qu'on pût choisir d'autre
,, *Kal* , que des *Coquilles*. *Ulga* , un des plus
,, sages Sénateurs, répondit que la chose paroîs-
,, soit utile , mais que ce changement pourroit
,, faire murmurer les Peuples, & causer d'au-
,, tres inconvéniens ; ainsi qu'il étoit nécessaire
,, d'y aporter les plus grandes précautions.

,, Après que l'affaire eût été long-tems dé-
,, batuë, *Saugar* , *Ulga* , & cinq autres Senateurs,
,, furent chargez de faire un Décret pour être
,, examiné par le Sénat. Le Décret fut ap-
,, prouvé, & procura cet heureux changement ''.
Ne vous souvenez-vous point , dit *Mahmoud* , *de
cet important Décret ? Je ne l'oublirai point* , répondit la Reine, *le voici* :

,, Le Sénat a dit à la Reine , que les *Co-
,, quilles* n'étoient pas suffisantes pour la quan-
,, tité de *Kal* nécessaire aux Echanges, & qu'il
,, seroit avantageux de substituer quelqu'autre
,, chose à qui elle donneroit une valeur aussi
,, grande que celle des *Coquilles*. Et la Reine
,, a dit à son Peuple , que la Proposition du Sé-
,, nat étoit bonne , & qu'il seroit fait des Car-
,, rez de Cuir rouge de trois differentes gran-
,, deurs , avec un cloud de fer au milieu, où se-
,, roit apposé le Grand Sceau , & que ce Cuir
,, representeroit la quantité de *Kal* déterminée
,, par le Sénat.
Les Peuples furent surpris de cette nouveauté ,
qui

qui cependant s'établit insensiblement, & les Coquilles ne sont plus d'usage que pour les détails.

Ce Kal, dont la prudence du Sénat propor-
tionne toûjours la quantité aux besoins de l'Etat,
rend nos Terres mieux cultivées, nos Provinces
plus Peuplées, & multiplie nos Manufactures.
Les Nations Etrangéres, toûjours avides de la
Poudre jaune, nous portent ce qu'elles ont de plus
précieux, leurs Laines & leurs Ouvrages de
Fer. L'abondance régne par tout, & ceux de nos
Voisins qui n'ont d'autre Kal que des Coquilles,
éprouvent quelques-fois de grandes disettes au milieu des plus riches Récoltes.

Les Nations Etrangéres sont aussi étonnées de
nos usages, que nous dévrions l'être de l'extravagance des leurs; Jugez-en par la manière dont ils
rendent la Justice. Il y a chez eux des Procès
qui ne sont pas terminez dans un an, & souvent
ils choisissent pour les juger, des Hommes qui ont
demandé, ou retenu, ce qui ne leur appartenoit
pas.

La Reine cessa de parler, & remplit d'admi-
ration Mahmoud, & les Sultanes, sur la sagesse
de son Gouvernement. Elle ajoûta, qu'elle se
devoit à son Peuple, & qu'elle partiroit le lendemain : ce qu'elle fit, après mille assûrances d'a-
mitié entre ces quatre Illustre Personnes.

CHA-

CHAPITRE XXIII.

Controverse.

L'Amitié des *Sultanes* entr'elles n'avoit point été altérée par la conformité des senti-mens pour leur Epoux ; elle ne le fut point par la diversité des Religions. Elles cherchoient pourtant quelquefois à se ramener mutuelle-ment , & chacune attribuoit l'inutilité de ses efforts , moins au déffaut des raisons , qu'à la manière de les faire valoir. Elles crûrent que les discours de leurs Prêtres seroient plus effi-caces , & demandérent à *Mahmoud* de les as-sembler en leur présence , résoluës, disoient-el-les , de se rendre au plus raisonnable , parce que chacune ne doutoit point que ce ne fût le sien.

Mahmoud, pour leur faire connoître l'inuti-lité de ce dessein, voulut bien assembler le *Ka-tib* , le Chef des *Bramines* , & le premier *Ma-ge* de *Statira*. Lui seul, avec les *Sultanes*, fut présent à leurs Discours, que le *Katib* com-mença ainsi :

, (1)

,, (1) Qui ofera fe dire Envoyé, fi fa Miffion n'éclate par des prodiges ? *Mahomet* avec ,, deux doigts partagea la *Lune* , & les impies ,, furent confondus , & la Terre s'écria ? *Voilà* ,, *le Prophete.*

,, (2 *Vichnou* , répondit le *Bramine* , a confié à *Brama* feul , la confervation de l'Univers. Sous la forme d'un Poiffon , il a pourfuivi le *Ravana*, qui emportoit dans la Mer ,, les quatre parties du *Vedam* , (3) fous la ,, forme d'une Tortuë. Il a foûtenu la Terre que la Montagne *Meroua* enfonçoit dans ,, l'Abîme.

,, (4) Vains difcours ! s'écria le *Mage* , démentis par les autres Nations , & qui n'ont ,, d'autre fondement que l'imagination de vos ,, Prêtres. Voyez cet Aftre lumineux, le Bienfaicteur des Hommes , le Confervateur de ,, ce qui exifte, & le Déftructeur des ténébres. ,, Arrêtez-vous-là , & que vos foibles idées ne
,, cher-

---

(1) Voyez *Riolland* , fur tout ce que dit le Docteur *Mahométan.*

(2) Voyez *Abraham Roger.*

(3) C'eft le Livre de la Réligion des *Bramines* , comme l'*Alcoran* eft celui des *Mahométans.*

(4) Voyez dans la *Bibliotèque Orientale* , le Titre de *Zerdak* , qui indique les Originaux , d'où cela eft puifé.

Q

,, cherchent pas à pénétrer ce qui doit être caché.

,, Qui peut , *répartit le Katib* , douter de
,, la Miſſion de celui qui ordonne de ſe proſter-
,, ner cinq fois le jour , & de partager ſon Bien
,, avec les Pauvres.

,, (1) Un *Smaërtas* , *répondit le Bramine* ,
,, a voulu ſe mettre à genoux devant *Brama* ;
,, mais il s'eſt ſouvenu que les récompenſes ne
,, ſont promiſes qu'à celui qui fait de bonnes œu-
,, vres , & il eſt allé ſoulager les Malheureux.

,, Ne détruiſons point nos Fréres , *dit le Ma-*
,, *ge* , ils ſont un rayon du Soleil. Travaillez a
,, les multiplier & à les nourrir.

,, Mais , *ajoûta le Katib* , quelles ſages récom-
,, penſes le *Prophete* a promis au *Muſulman* ver-
,, tueux ? Un Jardin rempli de tout ce qui peut
,, flater les ſens , des Vins délicieux , des Femmes
,, divines , & des Deſirs renouvellez auſſi tôt
,, que ſatisfaits.

,, Quoi ! *répliqua le Bramine* , les punitions
,, ne ſont-elles pas ſous vos yeux ? Cet Animal
,, qui ne paroît né que pour ſouffrir , n'eſt ce
,, pas l'Ame d'un Homme Vicieux qui expie ſes
,, crimes par la ſouffrance ?

,, Qui peut ſçavoir , *dit le Mage* , le ſort de
,, l'Homme

---

(1) La *Smaërtas* , eſt une Secte particuliére de
Bramines , qui diſent que *Vichnou* & *Eſvara* ne ſont
qu'un , quoi qu'adorez ſous diverſes Images.

,, l'Homme aprés fa mort ? Comment fera-t-il
,, récompenfé ? Comment fera-t-il puni ? Em-
,, ployez tous les momens de vôtre vie à la Ver-
,, tu, & non pas à de frivoles méditations.

,, Cinq ablutions tous les jours, *dit le Ka-*
,, *tib*, purifient le corps & l'ame, & rien d'im-
,, monde ne doit fervir de nourriture au fidelle
,, *Mufulman.*

,, Quelle cruauté, *s'écria le Bramine* ! Les
,, Animaux vous fervent de nourriture. C'eft vo-
,, tre Parent, c'eft votre Ami que vous détruifez
,, dans la douleur.

,, O Vous ! *dit le Mage*, que la deftruction
,, des Animaux fcandalife, ne faites point la
,, Guerre aux Hommes vos véritables Fréres ;
,, que l'efprit de paix régne toûjours parmi vous,
,, & vôtre récompenfe eft affûrée.

,, Les Armes du *Prophete* toûjours heureufes,
,, *dit le Katib*, ont étendu fa Loi au bout de
,, l'Univers.

,, Nôtre Foi, *dit le Bramine*, n'a point été
,, altérée par la deftruction de nôtre Empire,
,, & la perfécution ne fert qu'à nous animer à
,, la Vertu.

,, Zerdak, *dit le Mage*, nous apprend à ne
,, rien conclure des évenemens humains.

La fuite de leurs difcours ne fut qu'une exten-
fion de ceux ci. *Sultanes*, dit *Mahmoud*, *quel*
fruit retirez-vous de ce que vous venez d'enten-

Q 2   *dre ?*

dre ? Je n'ai rien appris, dit *Haramnour*, qui doive
me détourner de la Loi de Mahomet. Vichnou,
Brama, Esvara, s'écria *Radiatil*, je me proſterne-
rai toûjours devant vous. Flambeau du monde, dit
Statira, je ne veux être éclairée que de tes divins
rayons. Conſervez, dit *Mahmoud*, aux Docteurs,
la paix entre vous ; Inſpirez-là à ceux qui écou-
tent votre Doctrine, & que la Vertu ſoit toûjours
votre lien commun.

CHA-

CHAPITRE XXIV.

Sieto.

LA jeune *Danseuse Sieto*, s'attiroit les desirs de toute la Cour ; ces mêmes graces
qui l'accompagnoient dans ses exercices, étoient
répanduës dans toutes ses actions : *Idris* l'aima
passionnément & en fut aimé de même ; elle
négligea d'augmenter le prix de son nom, parce que ses faveurs n'étoient plus que le prix de
l'Amour d'*Idris*. *Pourquoi*, lui disoit un jour,
cet Amant, *refusez-vous avec tant d'obstination,
d'être du nombre de mes Femmes ; & d'en être la
plus chérie ? Faut-il*, lui répondit-elle, *vous le
répeter encore*. Idris, *dont les services ont mérité la faveur & les biens-faits de* Mahmoud, *deviendroit Epoux d'une* Danseuse, (1) *qu'il donneroit pour Rivale aux Filles des deux Visirs ? Si
vous ne pensez point à votre gloire, vous m'ê-
tes trop cher pour l'oublier ; que manque-t-il à
nôtre bonheur ?*   Il

(1) En *Perse* il n'y a que les *Courtisanes* qui dansent, les Hommes mêmes ne dansent point.

Il me manque, répliqua *Idris*, *de faire con-*
noître que mon estime pour vous est égale à ma
tendresse. *Hélas!* répondit *Sieto*, *l'estime des*
Hommes vous manqueroit, après avoir eté si peu
le maître de vous-même, *& je craindrois qu'un*
repentir ne m'ôtât & vôtre estime & vôtre
cœur. *Quelle crainte*, répartit *Idris*, *offençan-*
te pour mes sentimens! Ne suis-je pas assuré de
vôtre vertu; Ma Profession, interrompit *Sieto*,
la dément, & vous devez respecter l'opinion pu-
blique; vôtre fortune & votre gloire en dépen-
dent. Et qu'importe, reprit *Idris de ma fortune*
& de ma gloire. Je ne veux plus vivre que pour
vous, & je ne sçai plus à quoi mon désespoir peut
me porter, si vous persistez dans vos refus. Ar-
rêtez, *Idris*, dit *Sieto*, *il vient de vous échaper*
des discours d'une passion aveugle & d'un déses-
poir insensé. Je suis capable de désespoir comme
vous, mais mon désespoir sera plus vertueux que
le vôtre. A ces mots, elle s'enferma dans un
Cabinet sans vouloir l'écouter davantage.

Le jour suivant, elle obtint à son insçû la
liberté de quiter les *Danseuses*, & disparut. Pendant que son Amant agité, employoit tous ses
soins à la retrouver, il en reçût cette Lettre.

,, J'ai craint vos desseins & ma foiblesse: mes
,, premiers refus ne vous ont point rebuté, étois-
,, je sûre de vous refuser toûjours, & de ne
,, point vous avilir par mon élevation? J'ai pro-
,, fité d'un effort de vertu, prête, peut être à
,, m'a-

„ m'abandonner. La Loi vous permet d'époufer
„ une *Danfeufe*, mais elle ne vous permet pas
„ d'époufer celle qui a été Efclave. Je la fuis
„ devenuë, & j'ai vendu ma liberté, afin d'af-
„ furer vôtre gloire. Venez, Mon cher *Idris*,
„ racheter votre *Sieto*, pour la mettre au nom-
„ bre de vos Efclaves. C'eft ainfi qu'elle veut
„ être toûjours à vous:

 Idris courut chez le Marchand d'Efclaves,
pour accabler *Sieto* de reproches, & lorfqu'il la
vit, il n'eut que des larmes de tendreffe, dont
elle fut fi vivement touchée, qu'elle confentit à
reprendre fa place parmi les *Danfeufes Royales*,
où les bontez des *Sultanes*, l'eftime générale,
& la tendreffe fidelle d'*Idris* la rendirent toûjours heureufe.

CHA-

CHAPITRE XXV.

Holagou.

L'Armée vivoit dans la plus grande abondance & dans la plus exacte discipline au
milieu des Déserts de *Senaar*, (1) lorsque *Mahmoud* apprit, qu'il y avoit à quelques stades,
une nombreuse Troupe de Voleurs *Tartares*
en Ambuscade pour enlever la *Caravane*, qui
revenoit de La *Meque*. Il envóya deux déta-
chemens, l'un pour donner la chasse aux Voleurs, & l'autre pour escorter la *Caravane*, à
laquelle il fit porter toutes sortes de rafraichis-
semens.

Les Voleurs furent défaits malgré la valeur
d'*Holagou*, leur Chef, qui fut pris & conduit au
Camp. *Mahmoud* voulut voir ce fameux Chef,
si redouté dans les *Indes*. Les *Sultanes* étoient
dans sa Tente, lors qu'*Holagou* parût avec la
même fierté qu'il avoit à la tête de sa Troupe.

Pour-

---

(1) Entre *Agra* & & *Dehli.*

Pourquoi, lui dit *Mahmoud*, as-tu employé ta valeur à des actions injuftes & honteuses? Lorfque j'appris les Victoires de ton Père, répondit *Holagou*, l'émulation m'infpira le defir de devenir Conquérant. J'en avois tout le courage, mais je ne difpofois pas d'une Armée; & cette gloire que tu partages avec cent mille Hommes, je la méritai feul dans mes premieres Victoires. Ma réputation me donna bien-tôt des Soldats qui rendirent mes Conquêtes plus fameufes, & moins difficiles. Comment! interrompit *Mahmoud*, ofes-tu appeller des Victoires, les Vols faits fur des Malheureux, la plûpart fans defenfe? Si tu fais confifter la gloire dans les périls, repliqua *Holagou*, peux-tu te comparer à moi, qui toujours environné d'ennemis, n'ai pas été un moment fans danger de la mort la plus cruelle? La Conquête d'une Province, ajoûta-t-il, eft un Vol plus confidérable que tous les miens; & tu as fait plus de Malheureux par une feule de tes Victoires, que je n'en ai fait dans toute ma vie. Les Loix, dit *Mahmoud*, autorifent des Guerres. Sont-ce les Loix, répondit *Holagou*, qui ont autorifé *Alptheghin* à fe révolter contre les Rois *Samanides*, dont il avoit été l'Efclave? Sont-ce les Loix qui ont autorifé ton Pere *Sebekteghin*, à peine Souverain d'une Province, d'etendre fa Domination fi

R   loin,

loin, & de te frayer le chemin au Trône de
toute l'Asie ? S'il y avoit une Autorité supérieure, pour faire executer les Loix dont tu
te pares, tu subirois le même châtiment que
tu me destines. Je ne suis un Chef de Voleurs,
que parce que je n'ai pas daigné me rendre le
Maître de quelque Terrain inutile. Sçaches que
de commander à quelques Hommes de plus, est
la seule différence qu'il y a entre Nous. Je com-
mande, dit Mahmoud, à un Peuple qui obéit
aux Loix. Et crois-tu, répondit Holagou,
que nous soyons sans Loix, & que nôtre Discipline ne soit pas aussi sévere que celle de tes
Peuples ? Demande à ma Nation, avec quelle justice je les ai gouvernez. Mais toi, dont
on vante la justice envers tes Sujets, n'es-tu
pas Citoyen du monde, & ne la dois-tu pas
à tout le Genre humain ? Dois-tu être informé
sous quel Ciel un homme est né, pour être l'objet de ton attention ? Si tu te bornes à ton Peuple, pourquoi n'ai-je pas dû me borner au mien ?
Il est, répondit Mahmoud, des Conventions
generales, selon lesquelles il est permis d'agir,
& je ne les ai point enfraintes. Mais, Holagou, continua-t-il, si je te rendois la liberté, quel usage en ferois-tu ? Je sçai, répondit fierement Holagou, que je suis destiné à
la mort ; mais crains de trouver un Conquérant
plus puissant que toi, & de n'être devant lui

que

que comme un *Chef de Bandits. Si tu as oublié le fort des Enfans de* Laith (1) *, tu ne peux ignorer celui des* Samanides *, dont la destruction est peut-être plus ton Ouvrage , que celui du* Kan *des Tartares* (2).

Mahmoud fut étonné de la hardiesse de ses Réponses, sans en être irrité. Il ordonna qu'on le conduisit dans une chambre voisine. *Seigneur ,* dit *Statira , je suis effrayée du Discours d'*Holagou : *comment peut - on mépriser la mort avec tant de férocité ? Il a fait long-tems trembler ,* continua *Radiatil , toutes les Caravanes de nos Marchands , dont il en a enlevé plusieurs , mais sans jamais exercer de cruauté , & même on raconte de lui des actions de Clémence dignes des plus grands Rois. Il refusa d'entrer au service de mon Pere , en disant, qu'il étoit né pour commander , & non pour obéir.* Holagou *,* dit *Mahmoud , m'éclaire sur de grandes véritez. O justice ! O véritable gloire ! que vos Loix sont peu connuës & peu pratiquées !* Alptheghin , Sebekteghin *, mon Pere , Héros dont je respecte tant la mémoire , n'étiez - vous que des Hommes ordinaires , n'étiez - vous que*
des

(1) *Amrou Laith ,* le dernier de la *Dinastie* des *Soffarides ,* ou *Chauderonniers ,* fut défait & détrôné par *Imaël Samani ,* fondateur des *Samanides.*
(2) Voyez le Chapitre 28. l'*Ambassade.*

R 2

des Hommes injuftes , & que dois-je penfer de
moi-même ! N'eft-ce pas la crainte d'une puiffance immoderée qui arme & qui doit armer les
Rois de l'Afie contre moi ? Mais , Seigneur , dit
Haramnour , devez-vous renoncer à vôtre grandeur , parce qu'elle donne de l'ombrage ? Non ,
répondit Mahmoud , mais ne puis-je pas raffû-
rer ceux qu'elle effraye ? Qu'on raméne Holagou ,
ajoûta-t-il , en parlant à fes Gardes. J'augure
bien du fort d'Holagou , reprit Statira , & ce
n'eft pas pour le condamner en nôtre prefence ,
que vous le faites revenir. Il merite la mort , dit
Mahmoud , s'il étoit jugé par un autre que par un
Conquérant.

　　Lors qu'Holagou parut , Mahmoud lui dit ,
J'eftime ta valeur & ton courage , reçois la liberté , pour en faire un ufage plus légitime. Seigneur , dit ce fameux Chef , en fe jettant à
fes pieds , cet acte de Clémence me fait connoître , combien tu es plus Grand que moi. Je
te demande encore la grace de mes Compagnons ,
permets-nous de mourir à ton fervice. J'accorde ,
dit Mahmoud , la grace à tes Soldats. Tu feras
leur Chef dans mon Armée ; Fais que je ne me
repente pas de la confiance que j'ai en toi. Seigneur , reprit Holagou , J'ai traité en ennemi ,
tout ce qui ne m'obéiffoit pas ; mais j'ai été jufte
dans ma Domination , & fois affûré que j'o-
béïrai comme j'ai commandé. Eh bien , dit Mahmoud ,

moud , je t'ordonne de me parler toûjours avec
la même liberté , & de me reprocher mon injustice, si j'entreprens une Guerre, lorsque je pourrai l'éviter.

CHA-

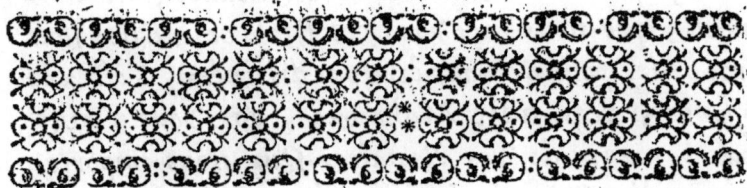

CHAPITRE XXVI.

La Circaſſienne.

LA Renommée avoit porté la gloire de *Mahmoud*, dans les Païs les plus éloignez, & les Nations s'empreſſoient à l'envi de lui rendre Hommage. Les Peuples de *Derbent*, lui envoyérent des Ambaſſadeurs, pour le prier de les reçevoir ſous ſa Protection, moyennant un Tribut. Le *Sultan* leur répondit, qu'il n'avoit point de droits ſur leurs Etats, & que ſon Alliance ne devoit pas être le prix d'un Tribut.

Les Ambaſſadeurs étonnez, ſe proſternérent en admirant ſon équité, & l'aſſurérent qu'il trouveroit dans leur Nation l'affection des Sujets les plus ſoûmis & les plus fidelles. Ils lui offrirent en même-tems vingt Eſclaves *Circaſſiennes*, ou *Georgiennes*, choiſies parmi les plus belles. Il les reçût pour les donner aux Princeſſes, & renvoya les Ambaſſadeurs avec des Preſens Magnifiques.

C'eſt

C'eſt pour vous, dirent les *Sultanes*, à *Mah-moud*, que nous reçevons ces *Eſclaves*. Elles ſont trop belles pour ne vous être pas diſtinées. C'eſt une offence, répondit *Mahmoud*, & vous n'avez pas à rougir de vos *Rivales*. Que nous importe, répondit *Statirà*, jouiſſez de tous les Objets de l'*Univers*, vos *Epouſes* ne ſont deſtinées qu'à par-tager vôtre gloire, & à donner à vos Sujets, des *Héros* auſſi Grands que Vous. Qu'elles ſeroient heureuſes, dit *Radiatil*, ſi la ſageſſe de leurs Con-ſeils pouvoit quelquefois vous ſoulager des ſoins péni-bles du Gouvernement. Je vous cede cet honneur, répondit *Haramnour* à Radiatil, & je ne veux être occupée que des ſoins de plaire à mon Epoux. Dans ce moment on préſenta les Eſclaves, chacune dans un habillement différent. L'œil s'égaroit au milieu de toutes ces Beautez. Une ſur-tout, attiroit une attention particuliere, mais elle paroiſſoit dans une triſteſſe qui te-noit du déſeſpoir.

,, Vos chaînes ne ſeront point peſantes,
,, belle Eſclave, lui dit *Statira*, & ſoit que
,, vous deveniez le partage de quelqu'une
,, de nous, ou du Prince que vous voyez,
,, vôtre ſort pourra être envié, même des
,, perſonnes libres ". A ces mots, les pleurs
coulérent abondamment des yeux de l'Eſclave. ,, Quelle eſt donc la cauſe de ces pleurs,
,, dit *Radiatil*, vos Compagnes ne ſont pas
,, affli-

,, affligées , elles prévoyent toute la douceur
,, de leur état , que regrettez-vous donc " !
La liberté , Madame , répondit hardiment
l'Efclave. ,, Mais quelles douceurs accom-
,, pagnoient vôtre liberté , dit *Haramnour* !
Hélas ! repliqua l'Efclave , *quelles douceurs ne*
l'accompagnoient pas ! *Belle Efclave* , dit *Mah-*
moud , *fi nous n'avons pas déquoi vous faire oublier*
la perte de vôtre liberté , j'efpére que les Princeffes
voudront bien me l'accorder : *Faut-il vous rendre*
à vôtre Amant ? *Je ne regrette point un Amant* ,
répondit l'Efclave , *quoique l'Amour contribuë*
en partie à mes regrets. *Informez-nous* , dit *Mah-*
moud , *de vôtre naiffance* , *& des évenemens qui*
vous ont conduite dans ces lieux.

,, *Seigneur* , répondit l'Efclave , ma vie n'a
,, d'autre événement que celui d'avoir été
,, énlevée & réduite dans l'Efclavage.

,, (1) Ma Mere , riche *Circaffienne* , n'avoit
,, d'autre foin , que celui de mon éducation ,
,, & de mes plaifirs. *Sabek* , me difoit-elle ,
,, dès l'âge de quatorze ans , *fuyez les engage-*
,, *mens qui affujettiffent* ; *quelque liberté que vous*
,, *vous promettiez avec un Epoux , vous n'êtes*
,, *deftinée qu'à fes plaifirs*. *Recevez le bel Efcla-*
,, *ve que je vous donne* ; *qu'il vous faffe oublier les*
,, *foins*

_____

(1) Il n'eft point de Voyageurs , qui en parlant de
la *Circaffie* , ne parle du libertinage des *Circaffiennes*.

,, foins que le jeune Bardik prend pour fe rendre
,, maître de vôtre Cœur, & de nos Biens. Je le
,, reçûs, & il étoit auffi fatisfait de la douceur
,, de mon Empire, que je l'étois de l'ardeur
,, de fon fervice ". Quelles Mœurs ! s'écria
Statira, étonnée ; Quelles Mœurs la Circaffie
autorife-t-elle ! Quoi ! vôtre Séxe ne vous apprend-
t'il pas, que la modeftie eft la premiere de fes Vertus ? ,, Mon Séxe, répondit la Circaffienne,
,, ne m'apprend que mes defirs. Les Ames, dit
,, Solman, nôtre faint Légiflateur, font tou-
,, tes égales, & la différence des Séxes ne les
,, change pas plus que la différence des traits.
,, Auffi nous promet-il le même Jardin que
,, vôtre Prophête ne promet qu'aux Hommes.
,, Nous nous rendions dignes de cette féli-
,, cité, ma Mere & moi, par nôtre exactitu-
,, de à payer les Tributs à la République, par
,, les fecours dont nous prévenions les Mal-
,, heureux, & par la douceur envers nos Ef-
,, claves. Hélas ! quel changement ! Je me
,, trouve moi-même réduite dans l'Efcla-
,, vage.
    C'eft, dit Radiatil, pour contribuër au plaifir
du plus grand des Rois. ,, Cent Rivales, répon-
,, dit Sabek, partagent cet honneur avec moi,
,, qui me croirois encore malheureufe d'être
,, fon Epoufe ". Ah ! Seigneur, dit Statira,
renvòjez cette Efclave, que l'honneur de devenir

vôtre

vôtre *Epouse ne toucheroit pas* ; *qu'elle aille loin de* *nous, jouïr de toute l'obscurité de son état.* *Sabek,* dit *Mahmoud, les Princesses vous rendent la liber-* *té.* ,, *Seigneur*, répondit *Sabek*, je crains que ,, ma sincérité n'ait déplû à ces grandes *Prin-* ,, *cesses*, mais n'ai je pas dû obéïr à vos or- ,, dres ? & dois-je rougir d'une conduite que ,, nos loix autorisent, & qui m'est commune ,, avec toute ma Nation, où ma Mere tient ,, un des premiers rangs `` ? Elle se jetta aux pieds des *Princesses*, pour les remercier, & se retira, avec une satisfaction qui l'embellissoit encore.

Seigneur, dit *Radiatil, permettez-nous de ren-* *dre la liberté à ces autres Esclaves, qui n'en sont pas* *moins dignes que* Sabek. Mais ces Esclaves, qui la plûpart ne reconnoissoient pas de Patrie, demandérent avec instance de demeurer au service des *Princesses.*

CHA-

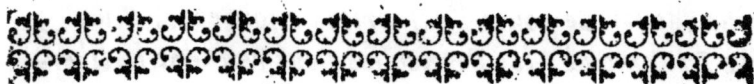

CHAPITRE XXVII.

Harangue.

BEnon, *Iman*, conducteur de la Caravane, & l'un des plus fameux Docteurs *Alides* ; vint avec six des principaux Pélerins, pour rendre Hommage au *Sultan*, & pour le remercier des bienfaits que la *Caravane* avoit reçûs de lui. Il lui parla ainsi.

„ (1) Que la Face d'*Ali* soit à jamais glo-
„ rieuse. Le Protecteur des Fidelles a ouvert
„ les portes de sa libéralité, il a nourri les
„ *Croyans* des mamelles de sa tendresse : que sa
„ puissance soit sans bornes, & que le Saint
„ *Prophête* le fasse joüir sur le Trône de toutes
„ les félicitez de son Jardin. J'ai quitté les
„ Lieux sacrez pour conduire la Sainte *Cara-*
„ *vane*, & je viens m'abaisser devant toi, le
„ Protecteur de l'*Islamisme* (2) & l'Azile de la
„ Justice.

„ L'Arbre de la Justice, donne toûjours
„ de

(1) Les *Alides* commencent leurs discours par cette Formule.
(2) *Islamisme* signifie la Religion ou le *Mahométisme*.

S 2

,, de la fraîcheur & des fruits délicieux ;
,, mais l'Arbre de l'Injustice a des branches
,, sans feuilles & sans fruit. Ecoute ma voix.
,, J'ai habité dans le Sanctuaire du Temple,
,, j'ai dormi dans la Maison Quarrée (1) : j'ai
,, toûjours vénéré la *Pierre Noire*, ( ) qui
,, n'a pas dédaigné de changer de couleur,
,, pour m'apprendre la Vérité : j'ai toûjours
,, été désaltéré de l'Eau du Puits de *Zem-*
,, *zem* (3), écoute ma voix. Les Impies
,, ont voulu confondre la Justice : ils o t di-
,, visé la robbe du *Prophête* : ils ont dit:
,, *Musulmans*, venez à moi. Vrais *Croyans*,
,, exterminez l'erreur, & les Fréres ont
,, exterminé les Fréres, & le carnage s'est
,, trouvé, où se devoit trouver la paix (4).
,, Ils

(1) La Maison Quarrée, ou le *Kaaba*, c'est l'objet du Pelerinage de *la Méque*.
(2) Pierre miraculeuse qui est enchassée dans la muraille de la *Kaaba*, que les *Mahométans* croyent changer de couleur, ou même parler, pour faire connoître la Vérité.
(3) Puis, dont les eaux sont réputées saintes, & dont tous les Pélerins boivent.
(4) Ceci fait sans doute allusion aux Guerres Civiles d'*Ali* contre *Mohavie*, qui ôtérent le *Califath* aux *Alides*, & le donnérent aux *Ommiades*, qui n'étoient point de la Famille de *Mahomet*; aussi sont-ils regardez comme les Tyrans du *Califath*.

„ Ils ont bâti des Forteresses , & ils n'ont
„ point édifié des *Caravanferas*. Celui qui
„ fe fépare, appartient à l'*Ange Noir*, com-
„ me la Brebis qui fe fépare du Troupeau
„ appartient au Loup. "

Mais , fage iman , dit Mahmoud, com-
ment puis-je connoître la parole du Prophête ?
„ *Bras droit des Croyans ,* répondit *l'Iman* , le
„ *Prophête* a dit : la Juftice & la Bien-faifan-
„ ce , & non pas l'Injuftice & la Perfécu-
„ tion. O ! Interprétes ambitieux de la Sain-
„ té Loi , vous avez porté deffus une main
„ facrilége , vous avez voulu la falir par
„ huit mille mots , (1) mais la demeure du
„ *Prophête* a fçû la conferver , pour la fai-
„ re triompher de l'erreur & du menfonge.
„ C'eft toi , Grand *Sultan* , qui dois l'an-
„ noncer à l'Univers. Voici le Livre qui
„ nous a été donné dans la grande Nuit
„ du Décret. (2) Nuit plus précieufe que
„ mille mois ; nous t'adorons neuf fois dans
„ l'ab-

(1) Quelques Docteurs prétendoient vers le troifiéme fiécle de l'*Egire ,* qu'on avoit ajouté huit mille
mots à l'*Alcoran* que *Mahomet* avoit laiffé.

(2) Dans le Chapitre 97. de l'*Alcoran* , il eft dit:
Nous l'avons fait defcendre du Ciel dans la nuit du
Décret, & cette Nuit vaut mieux que mille mois
entiers , puifque les Anges prennent ce tems pour
defcendre en Terre.

,, l'abſtinence (1). Mortels , que vôtre face
,, ſe tourne vers l'Abíme. Les douze Pro-
,, phêtes tremblans , tiennent le Livre Sacré;
,, les Anges & les Séraphins ſe proſternent,
,, leur lumiére n'eſt plus que ténébres.

A ces mots , agité d'un ſaint Antouſiaſme , il
paroiſſoit hors de lui-même. La *Sultane Haram-*
nour , & tous les Aſſiſtans frémiſſoient d'une
Sainte terreur. *Mahmoud* ſentoit une émotion,
qui lui avoit été inconnuë dans les plus grands
périls. *Statira* , & *Radiatil* , écoutoient ſeules
avec un reſpect tranquille. L'*Iman* préſenta
le Livre à *Mahmoud* , qui le reçût à genoux.

,, Seigneur , dit l'*Iman* , tu trouveras
,, dans ce Livre les Saints Myſtéres , que
,, la ſublimité même de ta Raiſon , ne peut
,, comprendre. Le *Prophête* eſt né circon-
,, cis, (2) les Anges ont tranſporté le *Grain*
,, noir (3). Le divin *Bourac* (4) la tranſporté
dans

_____

(1) Les *Mahométans* célébrent cette grande Fête par des jeûnes , & par des réjouiſſances.

(2) C'eſt une des croyances *Mahométanes.*

(3) *Mahomet* raconte qu'étant jeune , il fut enlevé par les Anges , & tranſporté ſur une Montagne,
où ils lui ouvrirent la poitrine pour lui arracher un
Grain noir , ſource de la corruption du cœur.

(4) C'eſt ſur cet Animal imaginaire , que *Ma-*
homet dit avoir été tranſporté au Ciel. Cet Animal
eſt décrit plus grand qu'un Ane , & moindre qu'un
Che val. Ils le croyent ſanctifié , & en *Paradis.*

,, dans le septiéme Ciel. Prosterne-toi pour
,, être un vrai *Croyant* ; mais que le flambeau
,, de la Raison éclaire toûjours ta justice, &
,, tu réüniras ceux qui ont été séparez. Le
,, *Musulman* dira au *Musulman* : Je suis ton
,, Frere, que la paix soit avec nous ; & nous
,, ne ferons la Guerre à l'Infidelle, que lors-
,, qu'il voudra nous détruire. *Sultan*, ajoûta
l'*Iman*, les Pélerins doivent un Hommage
au Protecteur des Fidelles, tu les verras dans
les Ceremonies de leur sortie du Temple de
la *Mêque* ; j'ai tout disposé pour cela, & le
quatriéme de la Lune de *Romadan*, (1) est
le plus propre à cette dévotion. *Iman*, dit
Mahmoud, *je loue ton attention, j'assisterai à la*
Ceremonie.

(1) C'est le tems de leur grand Jeûne.

CHA-

CHAPITRE XXVIII.

Ambassade.

Aslant Giaseb, Gouverneur du *Corassan*, envoya un Courier à *Mahmoud*, pour lui apprendre que le *Kan* des *Tartares* faisoit de grands préparatifs sur le bord du *Gihon*, avec une puissante Armée : Que c'étoit une suite des intrigues de *Nadi*, & qu'il étoit à craindre que la Reine *Seidar* ne s'unit à lui. *Giafar* reçût les mêmes avis touchant les *Tartares* ; mais par les avis de *Perse*, la Reine *Seidar* étoit sur le point de faire la guerre à son Fils. Ainsi, il n'y avoit rien à craindre que du côté des *Tartares*.

Je vais, dit *Mahmoud*, à *Giafar*, *donner ordre à mes Troupes de marcher vers le Gihon ; cependant je veux envoyer un Ambassadeur à l'Empereur des Tartares, pour lui demander la Paix en Roi préparé à la Guerre. Que celui que vous choisirez pour cet Emploi, soit prêt à recevoir mes ordres, & à partir demain.*

Le

Le lendemain *Giafar* présenta au *Sultan*, *Mirmol*, qu'il avoit déja employé à d'autres Négocations, & qui connoissoit la Cour d'*Ilekam*. *Mirmol*, lui dit le *Sultan*, voilà la Fléche (1) d'Autorité. Je vous fais mon Ambassadeur auprès de l'Empereur des *Tartares*. *Mirmol* reçût la Fléche en se prosternant, & *Giafar* lui donna à lire la Lettre du *Sultan*.

Le Sultan *Mahmoud* à l'Empereur des *Tartares* son Frere.

,, Lorsque je faisois la Guerre contre *Ab-*
,, *dalmalek*, pour le punir d'avoir détrôné son
,, Frere, l'Empereur des *Tartares*, ton Pere,
,, sous prétexte de le secourir, se rendit Maî-
,, tre de *Bokara* Capitale de ses Etats, & d'*Ab-*
,, *dalmalek* lui-même, qui par sa mort laissa le
,, Trône des *Samanides* sans Successeur. Mes
,, droits & ceux de ton Pere étoient les mê-
,, mes ; & après quelques Combats, nous
,, fîmes le partage de ce vaste Empire. Je cé-
,, dai toutes les Provinces *Transoxanes*, & le
,, *Gihon* devint nôtre Frontiére commune.

,, Ta

(1) L'Arc est chez les Orientaux, la marque de la Souveraineté, & la Fléche la marque d'Autorité, mais subordonnée.

T

,, Ta Sœur *Haramnour* me fut accordée pour
,, Gage d'une Paix éternelle, (1) & ce Gage
,, me fera toûjours cher.

,, Dois-je croire que tu fais des préparatifs
,, pour paffer le *Gihon*, & pour attaquer le
,, *Coraffan* ? Veux-tu violer la Paix la plus fo-
,, lemnelle ? veux-tu renoncer à la plus fainte
,, Alliance ?

,, Connois-tu mes Forces ? fçais-tu que, Roi
,, des *Gafnevides*, je fuis devenu paifible, &
,, légitime Poffeffeur du Royaume de *Gebal*,
,, & que je vais défendre mes Etats, avec une
,, Armée plus nombreufe que la tienne, &
,, accoutumée à la Victoire ?

,, C'eft le defir de la Paix, & non la vaine
,, gloire qui me fait parler. Je te la demande
,, la Paix ; *Haramnour* te la demande, accor-
,, de-la à tes Peuples, que la Guerre, même
,, heureufe, rendroit malheureux. La mar-
,, che de mon Armée vers le *Gihon*, ne doit
,, point t'allarmer ; ce n'eft que pour repouf-
,, fer tes attaques. Eloigne-toi de mes Fron-
,, tieres, je te promets de ne le point paffer,
,, & la parole de *Mahmoud* eft inviolable.

N'aurai-je point, dit *Mirmol*, *des Inftructions
particulieres* ? *Non*, répondit *Mahmoud*, *le Traité de Paix qui régle nos Frontieres vous fervira de
Loi.*

(1) Voyez le Chapitre 21.

Loi. Et ſi l'*Empereur*, dit *Mirmol*, ne retire pas
ſes *Troupes* du bord du *Gihon* ? *Alors*, répondit
Mahmoud, vous lui déclarerez la *Guerre*. *Je pour-*
rois, dit *Mirmol*, avant cette *Déclaration*, l'a-
muſer de quelques *Propoſitions* vagues. Il pourroit,
répliqua *Mahmoud*, vous amuſer également de
ſemblables *Réponſes*. Défiez-vous autant de vos propres ruſes, que de celles de vos ennemis. Mais,
ajouta *Mirmol*, je puis par mes habitudes dans ſa
Cour fomenter quelque diſſention parmi les *Grands*,
dont pluſieurs ſont méconrens.

Je vous envoye, dit *Mahmoud*, pour faire la
Paix, & non pas pour corrompre la fidelité des
Sujets de l'*Empereur*. Vous perdriez alors ce *Carac-*
tére ſacré d'*Ambaſſadeur* ; & en violant les *Droits*
des *Nations*, vous mériteriez la même punition que
ceux que vous auriez ſéduits. *Seigneur*, répondit
Mirmol, la qualité d'*Ambaſſadeur* eſt toûjours inviolable. Quel eſt, repliqua *Mahmoud*, le *Sou-*
verain qui voudra recevoir un *Ambaſſadeur*, à qui
il eſt permis de faire impunément toute ſorte de *Tra-*
hiſon ?

Bédran, *Ambaſſadeur du Roi de Gurgiſtan*,
dit *Mirmol*, ſuſcita une *Conſpiration* qui devoit
détruire la *République* de Derbent. Tous les *Conſ-*
pirateurs furent punis, & ſa perſonne fut reſpeċtée.
Cet exemple, répondit *Giafar*, ne prouve que la
foibleſſe de la *République* de Derbent, qui crai-
gnant alors d'être accablée ſous la puiſſance du *Roi*

de Gurgiſtan, *parut ignorer la conduite de l'Am-*
baſſadeur.

L'*Interêt des Nations*, dit Mahmoud, *eſt de*
maintenir l'union entr'elles ; c'eſt par ce grand
motif, qu'elles ſont convenuës de tant d'égards pour
les Ambaſſadeurs qui doivent être les liens de cette
union. Le lien eſt détruit, s'il eſt permis à l'Am-
baſſadeur de devenir l'artiſan de la diſcorde. Allez,
Mirmol, *ma Lettre vous apprend mes intentions,*
procurez la Paix, & attendez tout de la recon-
noiſſance que mérite un ſi grand ſervice.

CHA-

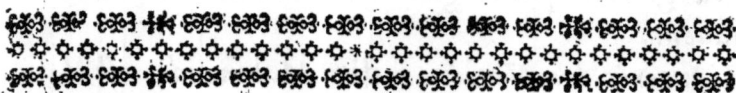

CHAPITRE XXIX.

Les Ruſſes.

(1) LEs *Ruſſes* habitent dans la Valée de *Chenouſan*, au *Midi* des Montagnes de *Diou*, qui les ſépare du Royaume de *Cachemire*. La néceſſité de cultiver la terre & de ſe défendre contre leurs ennemis, les a obligez d'abandonner aux Femmes preſque tous les autres emplois, & particuliérement celui de la Religion. Ce ſont elles qui en font tout le ſervice : elles ſeules étudient leur Théologie, pour expliquer les Myſtéres, & pour décider les Controverſes. Ils attribuent à leurs Idoles une grande horreur pour les Femmes Stériles, (2) & ils ont une Loi

***

(1) Le Pere *Sicard* T. 6. en parlant des *Druſes* qui habitent autour du Mont *Liban*, leur donne beaucoup de mœurs, attribuées ici aux *Ruſſes*.

(2) Voyez Abraham Roger & les Notes ſur le Mariage des *Bramines*, où il eſt parlé de quelques Peuples *Indiens* qui ne conſomment le Mariage qu'après que tous les Conviez ont couché avec l'Epouſe.

Loi qui condamne à de rigoureuses peines, celui qui épouse une Fille dont la fécondité n'est point éprouvée. Cette Loi leur a parû d'autant plus nécessaire, que leur Mariage est indissoluble. Jamais Peuple ne fut plus fidelle à sa Religion & à ses Loix : jamais Peuple ne fut plus attaché à sa Patrie.

Ces *Russes* étoient sous la protection de *Mahmoud*. Trois de leurs Prêtresses lui portérent le Tribut ; elles étoient prêtes à se retirer, lorsqu'une *Russe* se jetta aux pieds de *Mahmoud*, en lui disant : *Grace*, Sultan, *pour mon malheureux Epoux*. *Mahmoud* lui demanda quel Crime il avoit commis. Elle répondit que c'étoit aux Prêtresses à le dire, & qu'elle n'avoit pas de Juge plus sévere que l'une d'elles, qui étoit sa Mere.

La Mere prit la parole, & dit : *Cette Russe, que je nomme à regret ma Fille, a deshonoré son Sang en violant la plus ancienne des Loix. Elle s'est mariée incertaine de sa fécondité avec cet Epoux pour qui elle demande grace, & ils en ont subi la juste punition. Les Biens de l'Epoux lui ont été ôtez au profit de la République, & il est obligé de porter une Epée à son côté au milieu de ses Compatriotes. Ma Fille a été privée de sa dot, & ses Compagnes la regardent avec horreur.*

Ce genre de Crime étonna *Mahmoud*,

&

& plus encore les Princesses, qui néanmoins
en sourirent.

La *Russe* honteuse, dit : „ J'avoüe mon
„ Crime, mais quelques circonstances me
„ rendent moins coupable. J'aimois mon
„ Epoux à qui j'avois été promise : il devoit
„ s'absenter long-tems pour le service de la
„ République : je craignois de le perdre, &
„ que quelque Fille, plus heureuse, ne me
„ l'enlevât. Ajoûterai-je encore que je
„ croyois être assûrée de devenir Mere ; je
„ l'ai séduit moi-même cet Epoux, & je l'ai
„ engagé au Crime malgré ses sages remon-
„ trances ; mais nos remords ont précedé la
„ condamnation du Sénat.

„ Ce n'est pas pour moi que je demande
„ grace, *Puissant Roi*, c'est pour mon Epoux,
„ qu'il obtienne par ton intercession de ren-
„ trer dans les Droits d'être utile à sa Patrie,
„ comme l'ont été ses Peres, nous abandon-
„ nons nos Biens, & je consens d'être à ja-
„ mais l'objet du mépris de mes Compagnes.

Un torrent de larmes finit le Discours de
la *Russe*. Les Princesses en furent touchées,
& demanderent la même grace.

Mon intercession, dit *Mahmoud*, *deviendroit
un ordre pour les Russes, & lorsque je m'engage
à les défendre contre leurs ennemis, je m'engage
aussi à leur laisser l'administration des Loix : Russe ,*

ſe , ajoûta-t-il , *je ne puis accorder ce que vous
demandez , ſans violer la liberté de vôtre Nation ,
qui doit vous être plus chere que vôtre bonheur.
Les libéralitez des* Princeſſes *, & les miennes ,
adouciront vôtre infortune , & vous pouvez demeurer à mon ſervice avec vôtre Epoux.*

L'Epoux qui ſe tenoit éloigné ſe preſenta
avec une aſſûrance modeſte , & dit au *Sultan.*
„ *Seigneur* , l'Amour m'a fait faire un Crime ,
„ mais j'eſpere que le grand *Hamſe* (1) me
„ préſervera d'en faire de nouveau. Je lui
„ rends graces de ce qu'à mon occaſion ta
„ Juſtice éclatante aſſûre la liberté de ma
„ Nation , à laquelle je veux toûjours être
„ uni , quand même elle me réduiroit dans
„ l'Eſclavage , parce que ſa volonté doit me
„ ſervir de loi. Je refuſe tes dons avec
„ reſpect. Le Livre du Vendredi me défend
„ d'accepter les Dons de ceux qui ont de
„ l'Autorité , de crainte d'accepter du Bien
„ mal acquis ; (2) mais dans ma miſere je
„ reçevrois avec reconnoiſſance les libéra-
„ litez des Laboureurs & des Artiſans qui
„ acquiérent par le travail.

Viſir , dit *Mahmoud , que penſez-vous de ces*
Scrupu-

_____

(1) *Hamſe* , Légiſlateur ou Divinité de quelques
Nations. Il l'eſt des *Druſes.*

(2) Voyez le P. Picard , ibid.

Scrupules? Seigneur, répondit Meimendi, ,, ils
,, font finguliers, mais ils ne font pas fans
,, raifon. Le Tribut que les Ruffes vont met-
,, tre à vôtre Trefor, dit Haramnour, vous
,, appartient légitimement, & ces Epoux
,, peuvent l'accepter fans fcrupule. Je vais,
dit le Sultan, profiter de ce que vous propofez.
Alors s'adreffant aux Ruffes qui apportoient
le Tribut, il leur parla ainfi.

Ruffes, vous avez puni juftement ces Coupables qui ont manqué à vos Loix, & je vais
récompenfer la Vertu & l'Amour de la Patrie, qu'ils ont fi profondément gravez dans le
cœur. C'eft à eux que vous remettrez le Tribut
de cette année. Ils ne s'en ferviront qu'à vôtre
avantage.

,, Seigneur, dit l'Epoux, fi tu voulois le
,, remettre à la République même, elle nous
,, en rendroit ce qu'elle jugeroit à propos
,, pour fon fervice. Ah! Seigneur, s'écria
la principale des Prêtreffes, ta juftice & ta
bonté nous confondent, & je vois dans les yeux
de mes Compagnes, qu'elles font touchées du repentir & de la vertu de ces Coupables.

Nous les rétabliffons par le pouvoir que nôtre Miniftere nous donne, jufqu'à l'Affemblée
generale de la Nation, & nous ne doutons pas
qu'elle n'approuve un Decret qui lui rend de fi
bons Citoyens.

V   La

La Mere & la Fille s'embrafférent en s'appellant de ces noms fi doux , & en verfant des larmes de joye , dont tous les Spectateurs furent attendris.

CHA.

CHAPITRE XXX.

Les Pélerins de la Mêque.

LEs *Sultanes* & *Mahmoud*, avec une fuite nombreufe, partirent du Camp le quatriéme jour du mois de *Ramadan*, pour affifter à la Ceremonie des *Pélerins*.

La Dévotion, ou la curiofité y attirérent une quantité prodigieufe d'hommes & de femmes de toutes les Villes voifines. Le Luxe Afiatique brilloit par tout, & particulierement dans la variété des habillemens des Femmes *Indiennes* & *Perfannes*. L'Iman avoit eu la précaution de faire dreffer des Amphitéâtres commodes des deux côtez d'un défilé, où devoit paffer la *Caravane*. L'*Afie* n'avoit peut-être jamais vû un Spectacle fi beau & fi bien ordonné.

Il y avoit dans le lieu le plus avantageux un Trône, orné avec la plus grande magnificence, où les *Princeffes* & *Mahmoud* fe placérent.

V 2 cérent.

cérent. L'*Iman* étoit à leurs pieds fur des
Carreaux.

On voyoit à la droite la Plaine où la *Cara-*
vane étoit campée, & d'où elle partit en cet
ordre.

Deux mille Cavaliers, de ceux que *Mah-*
moud avoit envoyez pour efcorter la *Carava-*
ne, commencérent la marche. Ils étoient
fuivis de huit cens Chameaux, fix à fix,
chargez de toutes fortes de Provifions, de
Tentes & de Meubles. Chaque Chameau
étoit conduit par deux Hommes. Il y avoit,
de fix en fix rangs, deux Chameaux qui
portoient des Joüeurs de Flûtes, Hautbois,
Timbales & Tambours. On voyoit enfuite
toutes les Confrairies (1) des Villes voifines, compofées de gens de différens Métiers,
au nombre de huit cens avec des Inftrumens
de Mufique, portant chacune fa Baniere,
qui la diftinguoit des autres, en chantant des
Cantiques. *Pourquoi*, demanda *Mahmoud*,
à l'*Iman*, *parmi ces Banieres y en a-t-il quel-*
ques-unes d'une fi grande magnificence avec un
Croiffant d'argent ? ,, Ce font, dit l'*Iman*,
,, les Banieres des Chefs des Manufactures.
,, Le Grand *Ali*, Succeffeur de *Mahomet*,
,, leur accorda cet Honneur infigne, en ré-
,,com-

_____
(1) *Paul Lucas* a pris cet Article mot à mot.

,, compenfe de l'utilité que le Peuple retire
,, de ces Etabliffemens. Honneur, qui a toû-
,, jours été refufé aux Marchands qui ne font
,, que revendre ces Ouvrages dans leurs bou-
,, tiques. Mais, *Seigneur*, voici tous les vrais
,, *Pélerins*. Tous ceux-ci ont fait fept fois le
,, tour de la *Kaaba* en Proceffion (1). Tu vois
,, d'abord cinquante Aveugles ; ils fe font
,, crevé les yeux, après avoir vû la magnifi-
,, cence de la Maifon Quarrée, bâtie fur le
,, modéle du quatriéme Ciel, parce qu'il n'y
,, a plus rien à voir dans le monde. Qu'ils en
,, font abondamment dédommagez ! Le Pro-
,, phête éclaire leur efprit. Ils annoncent
,, fouvent la verité ; ce font eux qui fervent
,, de Guides à toute cette fainte *Caravane*,
,, remarque comment ils marchent avec
,, affûrance, & comment leurs pas font con-
,, duits divinement.

Mille *Pélerins* fuivoient les Aveugles. Ils
étoient montez indifféremment fur des Chameaux, ou fur des Chevaux richement har-
nachez, & ils étoient entourez d'une grande
quantité d'Efclaves.

Je crois, dit *Statira*, *que je vo's les Pélerines
dans ces Litieres découvertes.* ,, Oüi, *Sultane*, dit
l'*Iman*,

(1) Voyez *Chardin* Tom. 7. Chapitre 8. du *Pélerinage.*

,, l'*Iman*, il y a trois cens Litieres qui con-
,, tiennent chacune quatre Femmes. Elles
,, font portées par deux Chameaux, & elles
,, marchent quatre à quatre ''. *Pourquoi*, dit
*Haramnour, la Litiere de cette aimable brune, qui
a un manteau jaune, à l'Arabefque, eft-elle feule
dans fon rang ?* ,, C'eft, répondit l'*Iman*, la
,, Litiere de la *Samechi*, c'eft-à-dire, de la
,, Surveillante des Pélerines ''. *Comment*, dit
*Haramnour, on confie la conduite des Pélerines
à une Perfonne fi jeune ?* ,, Son efprit & fa
,, fageffe, répondit l'*Iman*, font au-deffus
,, de fon âge, & lui ont merité un Emploi
,, fi diftingué ''. *Ah !* dit *Statira*, *la belle
Perfonne que je vois dans cette Litiere feule ; fa
beauté, eft encore plus éblouiffante que la Pour-
pre Tyrienne & les Diamans qui la couvrent.
Qu'elle a de graces*, dit *Mahmoud*. ,, C'eft,
,, répondit l'*Iman*, *Schouffida*, Princeffe de
,, *Tibet* : plus d'un Prince a entrepris ce
,, Pélerinage, pour l'accompagner ; l'hon-
,, neur de marcher feule dans fon rang,
,, lui a été accordé en reconnoiffance des
,, biens, dont elle comble tous les jours la
,, Caravane.

Cependant, cette belle Princeffe s'éloi-
gnoit en jettant fouvent des regards fur
Mahmoud, qui, de fon côté, avoit toûjours
les yeux tournez vers elle.

(1)

(1) Cent *Derviches*, avec des habits bleus, précédoient le *Chameau* qui portoit le *Voile noir*. Ils avoient chacun un Vase d'argent, où ils brûloient tous les Aromates que produit l'*Arabie*, & de tems en tems ils se prosternoient.

„ La couleur bleuë de ces *Derviches* ou *Sofis*,
„ dit l'*Iman*, apprend qu'ils sont *Persans*. Ils
„ n'ont point la Robbe déchirée, & ils ne por-
„ tent pas le *Livre noir*, cependant ce sont les
„ Religieux qui vivent le plus saintement.

Enfin, le *Chameau* parut; six *Pélerins*, Princes ou Gouverneurs de Provinces, tenoient chacun un des bouts du *Voile noir*. Les *Princesses* & tous les Assistans se mirent à genoux, & jettoient des fleurs sur le Saint *Chameau*. *Mahmoud* se tint de bout avec le Cimeterre haut : l'*Iman* chanta un Cantique à l'honneur du *Chameau*, qu'il compara au divin *Bourac*.

Cent *Derviches* ou *Fakis* avec le *Kirkok*, c'est-à-dire, l'habit blanc, le Livre noir, les Manches appliquées & le Bonet de laine, suivoient dévotement, regardant la terre, qu'ils baisoient de tems en tems. „ Ceux-
„ ci,

(1) On trouvera dans la *Biblioteque Orientale* à chaque Article des Eclaircissemens. On a crû plus commode pour le Lecteur de citer ce Livre, que les Originaux.

,, ci, dit l'*Iman* , & les trois cens qui les
,, accompagnent , avec des habits déchirez,
,, de formes & de couleurs différentes , &
,, des chaperons , font de toutes fortes de
,, Nations , & particuliérement de l'*Afri-*
,, *que* ".

Cinquante *Danfeurs* & autant de *Danfeu-*
fes ajuftoient leurs pas aux fons d'une Troupe de Haut-bois qui joüoient un air , dont
les mouvemens étoient variez de lenteur &
de vitefſe. ,, Tu vois , *Seigneur* , dit l'*I-*
,, *man* , l'inquiétude exprimée par la diffé-
,, rence de ces mouvemens , & plus encore
,, par les Attitudes finguliéres des Acteurs.
,, Tu connois les Myſtéres de *Safa* & de
,, *Mervé* , que cette *danſc* annonce ſi claire-
,, ment (I).

. ,, Le myſtére de la Vallée de *Menah* , nous
,, eſt pareillement annoncé par ces trente
,, *Derviches* à Capuchon jaune , qui jettent
,, des Pierres derriere eux.

Mille *Pélerins* diftingüez , comme ceux qui
précedoient le *Chameau* , le fuivoient dans le
même ordre , & à peu près avec la même
quantité d'Efclaves.

,, La Proceſſion de la *Kaaba* , dit l'*Iman* ,
,, finit par cette prodigieuſe quantité de
,, *Pé-*

(1) Voyez *Chardin* , ibid.

,, Pélerins à pied, habillez d'un sur-tout plif-
,, fé, de toile de Coton rayée de différentes
,, couleurs. Si leur nombre étoit moindre
,, de quatorze milles, les Anges viendroient
,, achever de les remplir.

,, Les douze cens Chameaux, qui le sui-
,, vent, portent les Malades & tout ce qui
,, leur est necessaire, avec les provisions d'Au-
,, mône pour les pauvres Pélerins.

Cette marche fut terminée par deux milles Cavaliers, semblables à ceux qui l'avoient
commencée.

A peine la dévotion étoit-elle finie, qu'on
entendit mille voix s'écrier: Vive le Sultan.
Au milieu de ces Acclamations, le Peuple
couroit en foule pour voir Mahmoud, & les
Princesses, qui reprirent le chemin du Camp
dans un Char superbe, pendant que les Officiers jettoient l'or & l'argent à pleines
mains.

CHAPITRE XXXI.

La Princesse de Tibet.

LE lendemain une Esclave remit à *Mah-moud* cette Lettre.

,, Etoit ce de l'Amour que je sentois, lors-
,, que dès l'âge le plus tendre, je ne voulois
,, entendre parler que de vos Victoires, &
,, lorsque remplie de l'idée que je m'étois for-
,, mée de Vous, je regardois avec dédain
,, tant de Princes empressez à me plaire ? Le
,, Roi de *Tibet*, mon Pere, m'ordonna de
,, choisir un Epoux : il ne m'étoit pas possible
,, de suivre ses volontez, & je ne voulois pas
,, lui désobéir. Je le priai de différer jusqu'au
,, retour du *Pélerinage* que j'avois voüé. En-
,, fin, je vous ai vû, & je n'ignore plus ce
,, que je sens. Vous avez paru touché de ma
,, beauté, & vos regards m'ont annoncé
,, des sentimens, qui me comblent de joye.
,, Achevez, *Seigneur*, mon bonheur * * *.

C'est ici la fin du Fragment.

TABLE

X 2 CHA-

TABLE.

CHA-

TABLE

CHA-

TABLE

Fin de la Table.

www.ingramcontent.com/pod-product-compliance
Lightning Source LLC
Chambersburg PA
CBHW072041090426
42733CB00032B/2058